ZAG HEROEZ

Miraculous™

Le Storie di Ladybug e Chat Noir

Editorial Planeta, S. A., 2019
Avda. Diagonal, 662-664, 08034 Barcellona (Spagna)
www.planetadelibros.com

Per l'edizione italiana: © 2019 DeA Planeta Libri S.r.l.
redazione: via Inverigo, 2 – 20151 Milano

Traduzione dallo spagnolo: Valentina Cambi
Art Director: Marco Santini
Cover e impaginazione interni: Anna Iacaccia

www.deaplanetalibri.it

Stampa: GRAFIČKI ZAVOD HRVATSKE, Croazia 2019

ZAG HEROEZ

Miraculous

Le Storie di Ladybug e Chat Noir

Le origini

DeAGOSTINI

Adrien

Adrien Agreste è un ragazzo simpatico e carismatico, ma anche timido. Fa il modello e vive nel lusso con suo padre, che è molto protettivo. Con l'aiuto del suo kwami Plagg e del suo anello magico, si trasforma in Chat Noir!

Marinette

Marinette Dupain-Cheng è una ragazza allegra, gentile e generosa. È appassionata di moda ed è segretamente innamorata proprio di Adrien.

È anche impulsiva, un po' maldestra e insicura. Con l'aiuto del suo kwami Tikki e dei suoi orecchini magici, si trasforma in Ladybug.

Chat Noir

Chat Noir è forte, presuntuoso ed estroverso, ed è innamorato di Ladybug, su cui cerca sempre di fare colpo. S'innervosisce facilmente, però è buono e leale. Ha un potere chiamato Cataclisma: tutto quello che tocca, si distrugge.

Ladybug

Ladybug è forte, veloce e coraggiosa, determinata, intelligente e famosa. A volte commette degli errori, perché agisce senza pensare, ma il suo senso di responsabilità la costringe a rimediare. Con il suo amuleto invoca oggetti che l'aiutano a sconfiggere i cattivi.

Papillon

È il cattivo più temuto. Il suo obiettivo è dominare il mondo e, per farlo, deve impossessarsi dei Miraculous di Ladybug e Chat Noir. Con il suo potere crea gli akuma, farfalle nere che trasformano le persone normali in supercattivi.

Alya

Va in classe con Marinette ed è la sua migliore amica. Alya è una ragazza molto sicura di sé, osservatrice e curiosa. È sempre disposta ad aiutare gli altri e non sopporta le ingiustizie. È esperta di tecnologia e sogna di diventare giornalista.

Tikki

Tikki, la kwami di Marinette, la aiuta a trasformarsi in Ladybug. Questa piccola creatura è gentile, ottimista e molto saggia. Aiuta e protegge sempre Marinette.

Plagg

Plagg, il kwami di Adrien, lo aiuta a trasformarsi in Chat Noir. Sembra un gattino nero, pigro, vanitoso e irascibile. Odia che gli si diano ordini, è pettegolo e agisce senza pensare.

Cuore di pietra

Quando un compagno di Iván Bruel si prende gioco di lui, il malvagio Papillon ne approfitta per inviargli un akuma e trasformarlo in questo colossale cattivo. Ha una forza sovrannaturale e il suo unico obiettivo è vendicarsi.

Sabrina

Sabrina Raincomprix studia con Marinette. È una ragazza mite e timida che si fa manipolare da Chloé, cui obbedisce sempre, e le fa addirittura i compiti. È anche superficiale e può essere molto meschina.

Chloé

Chloé Bourgeois è la figlia del sindaco e compagna di classe di Marinette. È capricciosa, vuota e arrogante. Odi Marinette perché anche a lei piace Adrien. Ammira, invece, Ladybug!

Wayzz

Questo simpatico kwami che assomiglia a una piccola tartaruga è serio, posato e altruista. Ha grande fiducia nella saggezza del maestro Fu. Ha aiutato il Maestro Fu a trasformarsi in un supereroe, anni prima e concede il potere della protezione.

Nooroo

Nooroo è un Kwami colto, servizievole e molto disponibile. Spesso si trova costretto a obbedire con riluttanza alle richieste di Papillon per aiutarlo ad ottenere i Miraculous di Ladybug e Chat Noir.

Maestro Fu

È l'ultracentenario maestro cinese, guardiano dei Miraculous. Ha affidato a Marinette e ad Adrien il compito di combattere contro Papillon e catturare le akuma, ma senza mai presentarsi direttamente ai due eroi. È stato il detentore del Miraculous della Tartaruga, ed è l'unico essere umano a sapere le vere identità di tutti i supereroi!

Capitolo 1

Nel mondo esistono delle piccole creature magiche che vivono dentro gioielli molto potenti chiamati Miraculous, ma questo lo sanno solo in pochi. Questi esseri soprannaturali, conosciuti come kwami, sono incaricati di trasformare determinate persone in incredibili supereroi.

Nooroo è proprio un kwami. Come tutti loro, può volare e ha le sembianze di una specie animale, nel suo caso di una falena. È viola, ha una spirale sulla fronte e due paia di ali.

In questo momento, si trova in un posto segreto della città di Parigi, un'enorme sala con i soffitti a volta. La stanza è buia; soltanto un grande rosone in alto sulla parete permette alla luce di entrare.

Nooroo sta parlando con la persona che ha appena trovato il suo miraculous, che in questo caso è una spilla magica. Il fortunato, un uomo vestito in giacca e cravatta, sta in piedi al centro della sala, circondato da cento farfalle bianche.

«Secoli fa, furono creati dei gioielli magici che concedevano poteri straordinari: i miraculous» spiega Nooroo. «Nel corso della storia, gli eroi hanno usato questi gioielli per il bene dell'umanità.»

«Due di questi miraculous sono più potenti degli altri: gli orecchini di Ladybug, che donano il potere della creazione, e l'anello di Chat Noir, che conferisce il potere della distruzione. Secondo la leggenda, colui che controllerà entrambi i gioielli contemporaneamente conseguirà il potere assoluto.»

«Voglio quel potere, voglio quei miraculous!» esige l'uomo.

«Nessuno, però, sa dove si trovino attualmente!»replica il kwami.

«Io sono stato capace di trovarti, piccolo Nooroo. Ricordami i poteri che mi concederà il tuo miraculous» gli chiede l'uomo, accarezzando il gioiello magico che tiene nel palmo della mano.

«Il mio miraculous è la spilla di Papillon, che ti permette di donare un superpotere a chiunque tu voglia; inoltre, questa persona si trasformerà in un tuo devoto servitore»gli spiega il kwami.

«Ma dico: perché creare dei supereroi quando possiamo trasformarli in supercattivi?» dice l'uomo.

A quella domanda, Nooro spalanca gli occhi. Fino a ora, i kwami hanno sempre impiegato i loro poteri per fare del bene, ma le intenzioni del suo nuovo padrone non sembrano andare nella giusta direzione.

«Padrone, i miraculous, però, non sono stati creati per fare del male...» dice Nooroo.

«Voglio il potere assoluto!» lo interrompe quello, pestando con forza i piedi per terra. «Il tuo miraculous è sotto il mio controllo! Sono il tuo padrone e mi obbedirai.»

«Sì, padrone» risponde il kwami, inclinando la testa in gesto di sottomissione.

«Nooroo, che le ali della notte si innalzino!» urla l'uomo.

Con queste parole, il nuovo padrone della

spilla di Papillon ha invocato il potere del miraculous, con il quale il kwami si vede obbligato a trasformarlo. Invece di servire un supereroe, il povero Nooroo dovrà obbedire alla volontà di un supercattivo.

«D'ora in poi mi farò chiamare... Papillon!» esclama euforico prima di emettere una sonora risata malvagia.

Il cattivo, adesso, è vestito con un abito nero e viola, una maschera d'argento gli copre la faccia e in mano tiene un bastone con una sfera di vetro viola sul pomello.

Nel frattempo, dall'altro lato della città, un kwami di color verde e con un guscio di tartaruga dorme tranquillamente nella sua piccola scatola di fiammiferi, dentro un grammofono. Il suo nome è Wayzz. All'improvviso, si sveglia di soprassalto e vola dal suo padrone, un anziano asiatico chiamato Fu. L'uomo sta facendo un massaggio a un cliente, che si trova sdraiato a faccia all'ingiù su un tatami.

«Padrone! Padrone!» lo chiama il kwami con urgenza.

Il cliente solleva la testa, stranito, ma Wayzz si nasconde giusto in tempo per non essere visto.

«Padrone, padrone…» canticchia l'uomo. «Sì, a volte canto, fa parte del trattamento!»

Il maestro Fu chiude la seduta e spinge il cliente, perplesso, verso l'uscita.

«Grazie per essere venuto! Ci vediamo presto!» lo saluta con premura.

Una volta soli, il kwami appare nuovamente.

«Padrone! Si tratta di Nooroo. Ho sentito la sua aura!» esclama Wayzz.

«Lo credevo perduto per sempre…» dice Fu.

«La sua aura è negativa. Forse è caduto nelle mani sbagliate!» aggiunge il kwami, visibilmente sconvolto.

Il maestro Fu solleva il braccio. Al polso luccica un braccialetto adornato con una tartaruga.

«Trasformami, Wayzz!» grida.

Ma all'improvviso sente un intenso dolore alla spalla e si inginocchia.

«Padrone, fate attenzione. Siete anziano…» gli dice il kwami.

«Sono giovane!» replica il maestro Fu. «Ho solo 186 anni! Tuttavia, hai ragione, Wayzz, non posso fare tutto da solo. Cercheremo aiuto...»

L'anziano si avvicina al grammofono, preme gli occhi dei dragoni che decorano la base e, all'istante questi si illuminano di rosso.

Un pannello mobile tra le due figure di rettili porta allo scoperto una serie di bottoni.

Fu introduce una combinazione segreta

e un attimo dopo il grammofono si apre. Al suo interno c'è una scatolina con un'incisione d'oro sul coperchio.

Nel frattempo, la vita a Parigi continua. In una casa situata sopra a una pasticceria, suona una sveglia.

«Marinette! Il tuo telefono non la smette di suonare! Arriverai tardi il primo giorno di scuola!» si sente gridare una donna.

Una ragazza francese dai tratti asiatici esce mezza addormentata da sotto le lenzuola. Afferra il cellulare e spegne la sveglia.

«Va bene, mamma... Vado!»

Ancora in pigiama, esce dalla sua camera, scende le scale che danno nella sala da pranzo ed entra in cucina. Si avvicina a sua madre e le dà un bacio sulla guancia. Poi, si siede al tavolino per fare colazione con una ciotola di latte e cacao, un cornetto e un frutto.

«Sono sicura che capiterò in classe con Chloé anche stavolta!» commenta la ragazza.

«Per quattro anni di fila? Sei sicura?» domanda sua madre.

«Ovvio, con la mia sfortuna!» esclama Marinette.

«Non dire così, siamo solo all'inizio dei corsi. Vedrai che andrà tutto per il meglio!» la incoraggia sua madre.

Senza volerlo, Marinette dà un colpetto a un mandarino e questo rotola sul tavolino fino a far cadere il cartone del latte e uno yogurt.

Sua madre l'aiuta a raccogliere tutto e le accarezza la guancia con dolcezza. Lei sorride.

È una ragazza gentile e simpatica, ma non è mai andata d'accordo con Chloé, una compagna di classe molto presuntuosa e manipolatrice, che inoltre si sente superiore solo perché suo padre è il sindaco di Parigi.

Marinette si sistema e scende nella pasticceria di cui sono proprietari i suoi genitori. Mentre la madre le prepara un panino con una baguette appena sfornata, il padre le dà una scatolina di deliziosi macarons, perché la porti con sé a scuola.

«Papà, sei fantastico!» esclama Marinette, emozionata.

«Dividili con i tuoi compagni di classe!» le dice suo padre.

«Caspita! Li adoreranno! Grazie mille!» dice Marinette.

La ragazza dà un bacio ai genitori e si incammina con lo zaino in spalla e la scatolina di macarons in mano. È così felice che non si accorge che il semaforo è rosso: quando un'auto le taglia la strada, si prende un bello spavento.

Ancora un po' confusa, vede un anziano, curvo e con un bastone, che attraversa le strisce pedonali senza rendersi conto del semaforo rosso, mentre un'automobile si avvicina a tutta velocità. Senza pensarci un secondo, si dirige verso di lui e lo spinge per evitare che la macchina lo investa. Nell'azione, Marinette cade per terra e i macarons si spargono sul marciapiede.

«Grazie!» esclama l'anziano, ma vedendo

quello che è successo aggiunge: «Oh, che disastro!»

«Non si preoccupi! "Disastro" è il mio secondo nome. E poi, qualcuno si è salvato!» dice Marinette, mentre si alzandosi e mostrando la scatola di dolci.

L'anziano assaggia uno degli appetitosi dolcetti.

«Mhmm… delizioso!» esclama.

All'improvviso, suona la campanella che annuncia l'inizio delle lezioni.

«Oh, no! Farò tardi! Buona giornata, signore!» dice Marinette, cominciando a correre verso la scuola.

«Grazie mille, signorina» mormora l'anziano, mentre dal taschino estrae una scatolina con un'incisione d'oro sul coperchio.

Era il maestro Fu!

Capitolo 2

Marinette arriva di corsa in classe, proprio mentre la professoressa, la signorina Bustier, chiede a un alunno di cambiare posto.

«Nino! Vieni a sederti in prima fila!» gli dice.

Nino, un ragazzo che sta sempre ad ascoltare la musica con le cuffie alle orecchie, si alza dall'ultima fila e obbedisce alla professoressa. Marinette si siede al suo solito posto e appoggia la scatolina dei macarons sopra il banco.

Qualche istante dopo, arriva Chloé e dice con il suo consueto tono altezzoso:

«Marinette Dupain-Cheng! Questo è il mio posto!»

«Ma Chloé, sono sempre stata seduta qui....» risponde Marinette.

Poi, appare Sabrina, un'altra compagna di classe di Marinette che va sempre dietro a Chloé.

«Non più ormai! Nuovo anno, nuovo posto!» esclama Sabrina.

«Quindi, perché non vai a sederti laggiù, a fianco della nuova arrivata?» le dice Chloé, indicando un paio di posti più avanti.

Lì, una ragazza dalla carnagione scura con i capelli castani lunghi fino alle spalle e gli occhiali con la montatura spessa sta guardando il suo telefono cellulare.

«Ascoltami bene» insiste Chloé indicando una sedia vicina «Adrien si siederà qui, quindi questo sarà il mio posto. Capito?»

«Chi è Adrien?» le domanda Marinette senza alzarsi dalla sedia .

Sabrina e Chloé cominciano a ridere in maniera beffarda.

«Riesci a credere che Marinette non sappia chi è Adrien?»si burla Chloé.

«Adrien è un modello famoso!» le spiega Sabrina.

«E io sono la sua migliore amica! È pazzo di me! E adesso, vattene!» esclama Chloé.

La nuova ragazza, che ha osservato la scena, come gli altri compagni, si alza e affronta Chloé.

«Credi di essere il capo qui?» le chiede tenendo le braccia incrociate, con aria di sfida.

«Visto, Sabrina? Quest'anno abbiamo una saputella in classe!»

«Che cosa credi di fare, novellina? Lanciare raggi laser con i tuoi occhiali?» si fa gioco di lei Chloé.

«Lo scoprirai presto» le risponde la ragazza, molto sicura di sé.

Alya, così si chiama la nuova alunna, prende

Marinette per il braccio e la porta al suo banco.

Nel tragitto, Marinette inciampa e fa cadere di nuovo la scatolina con i macarons. Quasi tutti i dolci che erano rimasti nella scatola si sparpagliano per terra.

In quel momento, interviene la professoressa.

«Molto bene! Avete scelto i vostri posti?» domanda agli studenti.

«Va tutto bene?» sussurra Alya a Marinette.

«Vorrei tanto saper tener testa a Chloé come hai fatto tu...» risponde lei un po' afflitta.

«Vorrai dire come "Majestia"!» aggiunge la ragazza mentre le mostra una supereroina sul suo cellulare. «Secondo lei, il male può trionfare solo se le persone buone non reagiscono. Quindi, se quella ragazza è il male e noi siamo il bene, non dobbiamo farci sopraffare!»

«Giusto, ma non è così facile. Chloé si diverte a rovinarmi la vita» le racconta Marinette.

«Non devi permetterglielo. Devi solo avere più fiducia in te stessa» replica Alya.

Marinette prende l'unico macaron rimasto nella scatola, lo divide a metà e lo condivide con la sua nuova amica.

«Io sono Marinette!» si presenta.

«E io Alya!» dice la ragazza.

Mentre mangiano il dolcetto, la professoressa scrive il suo nome sulla lavagna e si rivolge agli alunni:

«Mi presento, sono la professoressa Bustier. Sarò la vostra tutor durante quest'anno.»

Chloé, che sembra triste, appoggia la testa sulla mano.

«Dove sarà?» dice tra sé e sé, guardando il posto vuoto davanti a sé.

Fuori, un ragazzo biondo corre per la strada, verso la scuola. Mentre sale le scale dell'entrata, una macchina si ferma dietro di lui: da lì scende una donna in tailleur, seguita da un corpulento guardaspalle.

«Adrien! Sali sulla macchina!» grida la donna. «Lo sai che cosa ha detto tuo padre.»

«Ma io voglio andare a scuola!» esclama il ragazzo.

In quel momento, lì vicino, il maestro Fu

passeggia con il suo bastone. Dopo essere inciampato, l'anziano cade a terra e Adrien corre verso di lui per aiutarlo a rialzarsi.

«Grazie, figliolo!» gli dice l'anziano.

Adrien torna dalla donna.

«Voglio solo andare a scuola, come tutti gli altri ragazzi e ragazze della mia età! Che cosa c'è di male? Per favore, non lo dica a mio padre» la prega.

La donna, tuttavia non lo ascolta e, con l'aiuto del guardaspalle, obbliga il ragazzo a salire sulla macchina, che pochi istanti dopo si mette in moto e se ne va. Il maestro Fu, che ha assistito alla scena, sorride e prosegue il suo cammino, sebbene adesso vada con passo più spedito, fischiettando e con il bastone su una spalla.

A scuola, suona la campanella che annuncia la fine della lezione.

«Per quelli che hanno educazione fisica, il professor d'Argencourt vi aspetta all'entrata. Il resto può andare in biblioteca» indica la professoressa agli alunni.

Uno degli studenti, con un sorriso malizioso, fa arrivare un bigliettino a un compagno seduto in un'altra fila. Quando quest'ultimo lo legge, si alza bruscamente dalla sua sedia e si dirige infuriato verso il primo, con l'intenzione di aggredirlo.

«Kim!» grida, molto arrabbiato.

All'ultimo minuto, la signorina Bustier lo ferma.

«Iván! Vai immediatamente nell'ufficio del preside!» gli ordina.

Cercando di contenere la rabbia, Iván forma una palla con il bigliettino e lo stringe con forza nel pugno destro.

Mentre si odono le risa dei compagni, il

ragazzo si mette lo zaino in spalla ed esce dall'aula.

Lontano da lì, dal suo nascondiglio segreto, una stanza con il soffitto a volta in penombra piena di farfalle bianche, il supercattivo Papillon è pronto per attuare i suoi piani malvagi.

«Emozioni negative» dice, non appena percepisce i sentimenti di rabbia di Iván. «Ottimo, proprio quello di cui ho bisogno! Tristezza, collera. Vola e oscura il suo cuore, mio malefico akuma.»

Una farfalla bianca si posa sul palmo di Papillon e questo la copre con l'altra mano. Dopo averle trasferito i suoi oscuri poteri, ritira la mano: la farfalla bianca è diventata nera.

«Vola da lui, e rendilo malvagio!» esclama il cattivo mentre la farfalla nera prende il volo.

L'akuma esce dalla finestra, l'unica della stanza, e sorvola Parigi in direzione della scuola. Va in cerca di Iván per impossessarsi di lui.

Poco dopo, la farfalla attraversa la porta centrale dell'istituto. In quello stesso istante, Iván si trova davanti all'ufficio del preside. Con decisione, apre la porta senza neanche bussare.

«Scusa figliolo, non ti hanno insegnato che bisogna bussare? Forza, esci e riprova!»

Il ragazzo chiude la porta e stringe i pugni; in uno di essi ha ancora il bigliettino. All'improvviso, appare l'akuma e s'impossessa della palla di carta accartocciata.

Qualche istante dopo, Iván sente la voce di Papillon dentro la testa.

«Cuore di pietra, sono Papillon» gli dice il cattivo telepaticamente. «Ti concedo il potere di vendicarti di coloro che ti hanno ferito!»

«Sì, Papillon» risponde il ragazzo con uno sguardo cattivo.

Il potere malvagio che si è impossessato della palla di carta pervade tutto il corpo di Iván.

Nel frattempo, il preside continua ad aspettare nel suo ufficio.

«Allora? Bussi oppure no, figliolo?» domanda confuso.

All'improvviso, la porta va in frantumi e davanti al preside appare un enorme essere mostruoso che assomiglia a un golem di pietra.

«Kim!» grida il cattivo.

Pestando il piede con forza, il mostro fa tremare tutta la scuola. Marinette e Alya, che si trovano nella biblioteca, cadono per terra. Tutti gli studenti escono correndo, allarmati. Alya aiuta la sua amica ad alzarsi e anche loro se ne vanno. Sugli schermi delle telecamere di sicurezza vedono che il terribile cattivo si è appostato davanti all'edificio, dopo essere uscito attraverso la finestra dell'ufficio del preside, che cerca di chiedere aiuto al telefono alla polizia e persino all'esercito.

«Che cosa succede? La voce del mostro non era quella di Iván?» domanda attonita Marinette.

«Si è trasformato in un supercattivo, sul serio!» esclama Alya emozionata.

La ragazza controlla il GPS e la batteria del cellulare e se ne va correndo.

«Ehi! Dove stai andando?» le domanda Marinette.

«Dove c'è un supercattivo, nelle vicinanze c'è sempre un supereroe! E questo non me lo posso perdere!» esclama Alya eccitata.

Marinette torna a guardare le telecamere di sicurezza: adesso la creatura si trova in mezzo alla strada. Una macchina frena di colpo e gli occupanti fuggono spaventati, mentre il mostro afferra l'auto e la lancia contro le telecamere gridando: «Kiiiiim!»

Capitolo 3

Il maestro Fu si dirige alla villa dove abita Adrien. Davanti all'entrata principale, estrae dalla tasca una scatolina nera con un'incisione rossa sul coperchio.

All'interno di quella maestosa casa, la donna vestita con il tailleur, di nome Nathalie, dà lezioni private ad Adrien. Il ragazzo non fa nessuno sforzo per nascondere la noia.

«Chi è stato il primo presidente della Quinta Repubblica?» gli chiede Nathalie.

«La maggioranza crede che sia stato De Gaulle, ma in realtà si tratta di René Coty, prima delle elezioni» risponde il ragazzo, apatico.

«Bene, Adrien!» esclama la donna.

In quel momento, il padre di Adrien, il signor Gabriel, interrompe la lezione.

«Lasciaci un minuto, per favore, Nathalie» dice l'uomo.

«Certo, signore» risponde lei, molto disponibile, prima di allontanarsi di alcuni metri.

«Non andrai scuola! È chiaro?» dice il signor Gabriel a suo figlio in tono autoritario.

«Ma papà...» replica il ragazzo.

«A casa hai tutto quello di cui hai bisogno. Non te ne andrai in giro per questo mondo così pericoloso!»

«Non è pericoloso. Sto sempre chiuso qui

dentro! Perché non posso farmi degli amici, come gli altri?» esclama Adrien.

«Perché non sei come gli altri! Sei mio figlio!» dice suo padre in modo brusco. «Continua la lezione!»

Il signor Gabriel se ne va e Adrien, arrabbiato, corre in camera sua e si sdraia sul letto.

Poco dopo, un rumore fa tremare la terra. Adrien abbandona la sua stanza ed esce in strada. Il caos regna sovrano! Alcune macchine della polizia hanno chiuso la via e un gigantesco mostro di pietra si avvicina a grandi passi. «Pronti? Fuoco!» grida un agente.

Tutti i poliziotti sparano contemporaneamente, ma... succede qualcosa di molto strano: non appena quel mostro viene colpito, invece di cadere abbattuto, aumenta di dimensione!

«Kiiiim! » grida con forza.

Gli agenti, impauriti, fuggono. Il cattivo solleva una delle macchine della polizia e la scaraventa per terra.

Adrien torna di nuovo in casa e accende la televisione per capire cosa sta succedendo.

«Esorto tutti i parigini a non uscire di casa» annuncia il sindaco.

«Per quanto incredibile possa sembrare, pare che un supercattivo stia seminando il terrore a Parigi!» informa una giornalista.

«State tranquilli, il braccio della legge si abbatterà sopra...» dichiara un poliziotto con il braccio ingessato. Nell'alzarlo, grida di dolore: «Ahi! In effetti, non questo braccio...»

Anche Marinette sta guardando il notiziario.

«Che bell'inizio di anno scolastico!» esclama.

All'improvviso, abbassa lo sguardo e scopre che sopra la scrivania c'è una curiosa scatolina nera con un'incisione rossa sul coperchio.

Nello stesso momento, anche Adrien, che è ancora davanti al televisore, vede che sul comodino di fronte a lui c'è una scatolina praticamente uguale.

«Che cosa ci fa questa qui?» esclamano all'unisono, ciascuno a casa sua.

Contemporaneamente, aprono la scatolina da cui proviene un bagliore: rosso nel caso di Marinette e verde in quello di Adrien. La scatola della ragazza contiene un paio di orecchini rossi a pois neri, quella del ragazzo un anello argentato.

All'improvviso, dai gioielli fuoriesce una sfera di luce che fluttua e si trasforma in un kwami.

Davanti allo sguardo incredulo di Marinette, un kwami rosso a pois neri svolazza in aria. La ragazza fa un sobbalzo. «Aiuto!» grida. «C'è un insetto gigante! Un topolino volante!»

«Va tutto bene, non aver paura!» le dice l'essere magico.

«Aaaah! Il topo-insetto parla!» continua a gridare Marinette.

La ragazza comincia a lanciargli tutto quello che le capita sottomano, molto spaventata, ma il kwami schiva gli oggetti senza difficoltà.

A casa di Adrien, un kwami nero con le

sembianze di gatto vola davanti al naso del ragazzo. La strana creatura fa uno sbadiglio e il ragazzo è ancora stupito.

«Ciao, genio della lampada!» lo saluta Adrien, toccandolo con un dito.

«Lo conosco, si dedica ad avverare desideri. È un tipo molto serio» dice il kwami, «io sono più simpatico. Il mio nome è Plagg. Piacere!»

Poi, si dirige verso il calcio balilla con il quale Adrien gioca spesso.

«Oh! Come brillano!» esclama, e comincia a leccare i personaggi metallici del gioco.

«Che cosa fai? Non toccarli!» dice Adrien, cercando di catturarlo.

Il kwami vola verso una macchinetta di un videogame e morde uno dei joystick.

«Che schifo! Pensavo che questo si potesse mangiare!» dice, infastidito.

Plagg continua a svolazzare per la camera, cercando di trovare qualcosa di commestibile, mentre Adrien tenta di prenderlo.

Nel frattempo, Marinette non capisce ancora che cosa stia succedendo.

«Ascolta, Marinette» le dice il kwami con delicatezza. «Lo so che tutto questo ti sembra un po' strano, ma...»

La ragazza prende un bicchiere e intrappola il kwami.

«Va bene! Ti senti più sicura così?» le domanda quello, sorridendo con calma.

«Chi sei? Come sai il mio nome?» lo interroga Marinette, molto seria.

«Sono un kwami e mi chiamo Tikki» si presenta. «Lascia che ti racconti...»

Nel frattempo, Plagg mordicchia il telecomando di Adrien, ma quello finalmente riesce a catturarlo.

«Continuo a non capire chi sei!» dice Adrien.

«Ascolta, sono un kwami e concedo poteri. Il tuo è quello della distruzione, va bene?» risponde Plagg, andando al sodo.

Adrien fa di no con la testa, ma il kwami prosegue.

«Bene! Senti, hai qualcosa da mangiare qui?» domanda Plagg.

«Tutto questo è uno scherzo di mio padre, vero?» dice Adrien, confuso. «No, non può essere. Non ha il senso dell'umorismo.»

«Tuo padre non deve sapere che esisto. Né lui, né nessuno!» dice Plagg, facendosi serio all'improvviso.

In quel momento, Marinette, ancora confusa, decide di chiamare i suoi genitori.

«No, no, no! Zitta! No!» grida Tikki, spaventata.

Il kwami passa magicamente attraverso il vetro del bicchiere che lo intrappolava e svolazza davanti a Marinette. Sa che la ragazza ha semplicemente bisogno di capire che cosa succede; poi si calmerà. «Sono tua amica, Marinette. Devi fidarti di me! Solo tu puoi fermare Cuore di pietra!» l'assicura.

Marinette la guarda esitante. Avrà ragione questa strana creatura?

Da casa sua, l'anziano maestro Fu parla con il suo kwami a proposito di quello che sta succedendo.

«Crede che ce la faranno, maestro?» gli domanda Wayzz.

«Mi sono sbagliato solo una volta in tutto questo tempo. E non succederà di nuovo» dice il maestro Fu. «O almeno lo spero...»

L'anziano guarda di nuovo la scatola dei miraculous dentro lo scompartimento segreto del suo antico grammofono.

Capitolo 4

Marinette e il suo kwami Tikki cominciano a conoscersi. Sembra che la ragazza inizi a capire e a essere cosciente di ciò che le ha raccontato questa piccola creatura.

«Si tratta di un errore! L'unico superpotere che potrei avere è quello della supergoffaggine» farfuglia la ragazza, nervosa. Allora le viene un'idea: «Ci sono! La mia amica Alya è la persona giusta. Le piacciono i supereroi, questo ruolo le calzerebbe a pennello! Vado a cercarla…

«Marinette! Sei tu la prescelta» afferma Tikki senza darle la possibilità di replicare.

Nel frattempo, Adrien si trova in una situazione molto simile. Anche lui stenta a credere di essere il prescelto ad assumere la grande responsabilità di trasformarsi in supereroe.

«Ma se non posso uscire da qui! Non mi lasciano nemmeno andare a scuola. Che cosa può fare un supereroe rinchiuso nella sua stessa casa?» esclama disperato.

Il suo kwami Plagg cammina per la stanza e si posa in cima a un rotolo di carta igienica. Con un leggero movimento, lo srotola per tutto il pavimento.

«Non ti preoccupare. Se tu vuoi, tutto questo cambierà presto» dice il kwami.

Per qualche istante, Adrien guarda con

fare dubbioso l'anello argentato che ha trovato nella scatolina con un'incisione rossa, ma, all'improvviso, cambia espressione. Sembra che abbia preso una decisione.

Allo stesso modo, nella sua camera, Marinette osserva i due orecchini rossi a pois neri che anche lei ha trovato nella scatolina. Alla fine, davanti allo specchio, decide di indossarli.

«Allora, si tratta solo di rompere l'oggetto in cui si nasconde il "non so che

cosa"?» domanda la ragazza al suo kwami.

«Si chiama "akuma", e, dopo aver rotto l'oggetto e averlo liberato, dovrai catturarlo!» le indica Tikki.

«Ho capito, devo catturarlo! E l'amuleto, di che cosa si tratta?» domanda Marinette.

«Il Lucky Charm? È il tuo superpotere segreto!» esclama il kwami.

«Sta succedendo tutto molto velocemente, Tikki. Io... io non so se sarò in grado di farcela» dice la ragazza, insicura e un po' impaurita.

Il simpatico kwami volteggia davanti a lei e continua a parlarle con affetto.

«Fidati di me, Marinette. Devi solo dire: "trasformami!"» le spiega.

«"Trasformami?"» ripete, confusa.

All'improvviso, percepisce una sensazione strana e aggiunge: «Ehi, ma che cosa sta succedendo?»

Gli orecchini si illuminano, prima di nero e poi di un rosso intenso, assorbono Tikki e recuperano la loro stampa a pois. Poi, Marinette si trasforma in una supereroina: una maschera rossa a pois neri le cela il volto e un costume aderente, ugualmente rosso a pois neri, le avvolge il corpo.

Quanto ad Adrien, Plagg continua a spiegargli alcuni dettagli del suo futuro compito come supereroe, quando il ragazzo si mette l'anello magico a un dito.« Per trasformarti devi dire: "Trasformami!"» suggerisce Plagg, mentre fa

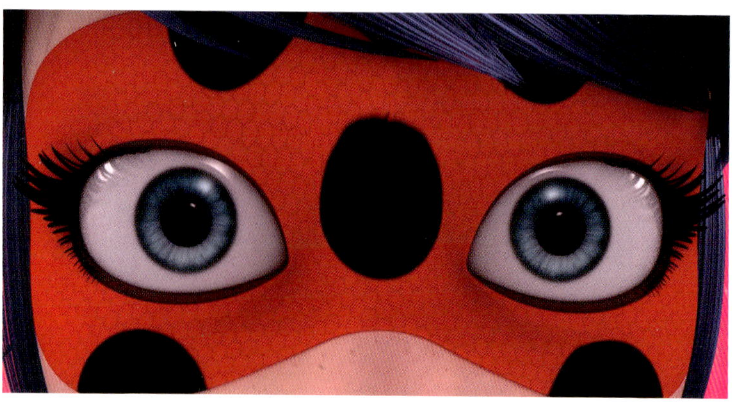

capolino dal cartone di uno dei rotoli di carta igienica che ha srotolato prima. «Va bene! Plagg "trasformami!"» esclama il ragazzo.

Immediatamente, l'anello argentato diventa scuro e comincia a emettere un bagliore verdastro. «Aspetta! Non sono ancora pronto!» grida Plagg.

L'anello assorbe il kwami e al centro della sfera appare il disegno di un'impronta felina di color verde.

Adrien si è trasformato in un supereroe: una maschera copre il suo volto, due orecchie da

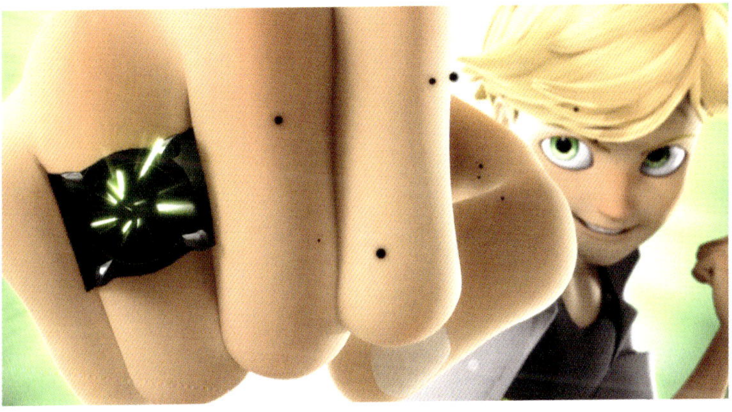

gatto gli spuntano in cima alla testa e un vestito tutto nero con una coda aderisce completamente al suo corpo.

Completano il suo costume un campanellino al collo e un bastone estensibile legato dietro la schiena. «Forte!» esclama, rimirandosi con soddisfazione.

Al contrario, Marinette si guarda allo specchio, visibilmente preoccupata.

«Come faccio a togliermelo di dosso? Tikki? Devo recuperare i miei vestiti, mi senti? Non

andrò da nessuna parte così!» si lamenta Marinette nella speranza che il kwami assorbito dai suoi orecchini la senta.

Ma subito l'attenzione della ragazza viene attratta dalle ultime novità dell'edizione speciale del notiziario, che appare sullo schermo del televisore.

«Dopo aver distrutto la torre dello Châtelet, si dirige verso quella di Montparnasse! Sembra inarrestabile» informa la giornalista.

La telecamera mostra l'enorme mostro che cammina per una strada di Parigi. Dietro, lo segue una ragazza in bicicletta che a Marinette è familiare.

«Alya?» esclama a bocca aperta non appena riconosce l'amica.

Proprio in quel momento, sente che sua madre la chiama. La voce arriva smorzata, perché la botola che dà accesso alla stanza è chiusa.

«Marinette! Sei arrivata a casa?» domanda la signora Sabine.

«Oh, no!» reagisce nervosa la ragazza.

Deve impedire che sua madre la veda trasformata in supereroina!

«Marinette? Sei qui?» torna a domandare sua madre con stupore.

La signora Sabine apre la botola proprio mentre Marinette se la svigna attraverso delle scalette che portano su un'accogliente terraz-

zina. Nel luogo ci sono alcune belle piante, una sdraio, un tavolino con un servizio da tè, una tendone per proteggersi dal sole e una ghirlanda di lampadine colorate. «Va bene, ho dei poteri speciali!» dice tra sé e sé Marinette, cercando di farsene una ragione. Poi, estrae un oggetto che porta attaccato al polso. «E sembra che abbia anche uno yo-yo.»

Per provarlo, lancia lo yo-yo in direzione della cattedrale di Notre Dame, che è davanti a casa

sua, e la corda si srotola fino a che l'aggeggio si aggancia all'orecchio di uno dei gargoyle.

Marinette si aggrappa forte alla corda e schizza via fin là, gridando a pieni polmoni.

Da parte sua, anche Adrien sta provando la sua arma, il bastone estensibile. Lo ha usato per collegare due tetti e attraversare una strada per via aerea. Avanza con le braccia aperte per mantenere l'equilibrio.

«Sembra che me la cavi davvero bene!» dice tra sé e sé, soddisfatto.

All'improvviso, però, sente un grido e si ferma a mezza strada. Qualcosa di color rosso si avvicina volando. È Marinette con il suo costume da supereroina! Lo yo-yo si è staccato dal gargoyle e cade a tutta velocità.

In un batter d'occhio, la ragazza finisce proprio addosso ad Adrien ed entrambi precipitano al suolo. Per fortuna, lo yo-yo si attorciglia al bastone e i due restano appesi a pochi metri dalla strada.

«Accidenti!» impreca la ragazza.

«Ehi, ciao! Bel saluto!» esclama lui in tono scherzoso.

«Oh, mi dispiace. Non l'ho fatto apposta» dice lei.

Adrien scende con un salto e, poi, è la volta di Marinette.

Entrambi indossano il costume da supereroi: anche se si fossero già visti prima, non riuscirebbero a riconoscersi.

«Sei la collega di cui mi ha parlato il mio kwami, giusto?» dice il ragazzo.

«Io sono… Chat Noir! E tu?»

«Sono Ma… Ma…» balbetta Marinette, tirando la corda del suo yo-yo per cercare di districarla dal bastone.

Finalmente, lo yo-yo cade giù, anche

se continua a essere aggrovigliato al bastone, che ora si è accorciato e liberato dai tetti. I due oggetti intrecciati cadono proprio sulla testa di Chat Noir.

«Ahi!» esclama lui, sfregandosi la testa.

«Sono Ma… Maldestra! Supermaldestra!» dice Marinette.

«Molto bene, Maldestra: anch'io sono alle prime armi» risponde Adrien, raccogliendo il bastone da terra.

Marinette guarda in basso in imbarazzo, torcendosi le mani. All'improvviso, i due supereroi sentono un gran frastuono e sollevano la testa per scoprire da dove proviene.

A pochi isolati di distanza, un enorme grattacielo comincia a inclinarsi, fino a sgretolarsi del tutto.

Chat Noir si dà una spinta con il bastone estensibile e si dirige verso quella parte.

«Ehi! Aspetta! Dove vai?» gli domanda Marinette.

«A salvare Parigi, no?» le risponde il supereroe dall'alto di un tetto.

Chat Noir prosegue per la sua strada e Marinette resta piantata in mezzo alla strada, cercando di trovare il coraggio. Alla fine, lancia lo yo-yo, che si aggancia a un camino, e vola via dietro a Chat Noir.

Capitolo 5

In un altro luogo di Parigi, il super-cattivo Cuore di pietra irrompe in un campo da calcio dove vari studenti, tra cui Kim, stanno raccogliendo le loro cose per andarsene a casa.

«Kiiim!» grida l'enorme mostro. «Chi è il vigliacco adesso?»

Kim lo guarda completamente sbalordito

e si mette a correre sul prato, con il cattivo che lo segue a ruota. I suoi passi fanno rimbombare così tanto lo stadio che Kim cade a faccia in giù. All'ultimo momento, prima che Cuore di pietra schiacci la sua vittima, un lungo bastone si interpone tra di loro e appare Chat Noir.

«Ehi tu, non va bene mettersi contro quelli che sono più piccoli di te!» esclama.

Kim ne approfitta per alzarsi e scappare a tutta velocità. Ce l'ha fatta per un soffio!

«Suppongo che ti riferisca a te stesso, giusto?» domanda il cattivo all'eroe.

Il mostruoso golem alza il suo gigantesco pugno e cerca di schiacciare Chat Noir, ma questo lo schiva con l'agilità di un gatto.

Dal suo nascondiglio segreto, Papillon osserva la scena con soddisfazione.

«Tutto sta andando secondo i piani. Ho

trovato i miraculous di Ladybug e Chat Noir! Sono venuti qui per salvare la città, e adesso il mio supercattivo li annienterà!» esclama, sollevando le braccia, mentre cento farfalle bianche gli volteggiano intorno senza sosta.

La battaglia tra il supercattivo Cuore di pietra e Chat Noir continua. L'agile supereroe riesce a dargli un bel colpo in testa con il bastone estensibile, ma, invece di indebolirlo, il gigantesco essere brilla con forza e comincia ad aumentare di dimensione

in maniera considerevole. È incredibile!

«Dove sei, collega?» si domanda Chat Noir, sperando che appaia la supereroina per aiutarlo.

In realtà, Marinette è vicina: sugli spalti dello stadio, ma è paralizzata dalla paura.

Con il volto coperto dalle mani, si mostra angosciata, incapace di affrontare la situazione.

Il gigantesco cattivo di roccia sradica una delle porte del campo e la lancia a Chat Noir con tutte le sue forze. Il supereroe la schiva, ma la struttura continua a volare, diretta nella zona del campo dove è appostata Alya, che sta filmando tutto con il cellulare.

Senza perdere un attimo, Chat Noir lancia il suo bastone, che si estende sopra la ragazza e la protegge. Chat Noir ha salvato Alya, ma il cattivo approfitta di questo momento di distrazione per catturarlo. Lo tiene ben stretto tra le sue robuste mani di pietra.

«Che cosa aspetti, ragazza vestita di rosso? Tutti contano su di te!» grida Alya.

A Marinette batte forte il cuore. Deglutisce a fatica, mentre osserva la scena. Chiude gli occhi, tira un sospiro e, all'improvviso, stringe con forza lo yo-yo che tiene in mano. Poi, apre gli occhi e, con un salto, entra in azione!

In aria, la supereroina lancia la sua potente arma e, con la corda, avvolge le gambe di Cuore di pietra per immobilizzarlo. Un attimo dopo, atterra sul prato e tira lo yo-yo con forza.

«Non si maltrattano gli animali! Vergognati!» esclama con decisione.

Il cattivo cade e Chat Noir scappa dalle sue grinfie, rotolando fino a entrare nella porta.

«Sì! » esclama Alya.

«Perdona il ritardo, Chat Noir!»gli dice l'eroina, mentre gli si avvicina.

«Perdonata. E adesso, prendiamo quel cattivo di pietra una volta per tutte!» risponde Chat Noir.

Il supereroe fa un po' di stretching ed è già pronto a ripartire, ma Marinette lo trattiene afferrandolo per la coda.

«Aspetta! Non hai visto? Diventa più grande e forte a ogni attacco! Bisogna pensare a un'altra soluzione...» gli fa notare lei.

«Un'altra soluzione?» domanda lui.

«Sì, ma non so quale...» dubita l'eroina.

«Io lo so: userò il mio superpotere!» esclama Chat Noir. «Cataclisma!»

Nel pronunciare quella parola, l'eroe invoca la magia oscura che si concentra nella sua mano destra. A partire da questo momento, qualsiasi cosa tocchi si distruggerà. Senza pensarci due volte, Chat Noir mette la mano su uno dei pali della porta.

«No, non farlo!» esclama Ladybug.

Ma è troppo tardi: a partire dal punto di contatto con la mano, la porta si ossida rapidamente e va in mille pezzi.

«Fantastico! Adesso vado a prenderlo! Preparati a dire addio, pietra con le gambe!»

esclama Chat Noir, elettrizzato nel vedere gli effetti distruttivi del suo potere.

Veloce come un felino, accelera attraverso il campo di calcio e fa un salto per piombare addosso al suo nemico.

«Chat Noir, no!» gli grida Marinette perché si fermi.

Il supereroe, però, è già atterrato di fronte al cattivo e ha posato la sua mano sul gigantesco piede di pietra, senza risultato.

«Oh, oh! Credo che il mio potere funzioni con una cosa per volta...» dice con un sorriso nervoso.

L'eroina si copre il viso con le braccia, non vuole vedere quello che sta per succedere. Chat Noir viene sbalzato via e atterra accanto a lei.

«In cinque minuti ti trasformerai! Non te lo ha spiegato il tuo kwami?» lo rimprovera lei.

«È che ero troppo distratto dal mio nuovo io!» cerca di difendersi Chat Noir.

Il povero Plagg non aveva avuto tempo di raccontare quasi niente ad Adrien prima che il ragazzo invocasse il suo nuovo potere pronunciando le parole "Trasformami".

«Va bene, è il mio turno! Lucky Charm!» esclama l'eroina per attivare il suo superpotere.

Lancia lo yo-yo in aria: un'esplosione di luce, e tra le sue mani cade un costume rosso a pois neri. In teoria, il suo superpotere dovrebbe offrirle un oggetto utile a sconfiggere il cattivo. Ma che cosa dovrebbe farsene di questo?

«Che bel superpotere!» scherza Chat Noir.

«Tikki ha detto che dovevo rompere l'oggetto in cui si nasconde l'akuma» dice l'eroina, guardando dubbiosa quel travestimento.

Sollevando lo sguardo, vede il mostro avanzare verso di loro.

«Chat Noir, ci hai fatto caso? Tiene sempre la mano destra chiusa. Non la apre mai!» osserva la supereroina. «Sicuramente l'oggetto akumatizzato è lì!»

«Qual è il tuo piano?» domanda l'eroe, che non riesce a capire le sue intenzioni.

Lei, al contrario, sa molto bene che cosa deve fare.

Capitolo 6

La supereroina si guarda intorno e fissa il pugno del cattivo, Alya e un rubinetto con una pompa per innaffiare il prato. Decisa, annoda alla punta della manichetta il costume che le ha fornito il suo potere. Poi, immobilizza le gambe di Chat Noir con lo yo-yo.

«Non opporre resistenza! Fidati!» gli dice lei.

La supereroina fa girare il suo potente

yo-yo a mo' di lazo e spinge Chat Noir verso il cattivo.

Il mostro di pietra non esita ad afferrarlo con la mano sinistra.

«Questa ragazza è pazza!» esclama Chat Noir, non capendo le intenzioni di chi credeva stesse dalla sua parte.

Poi, l'eroina si getta sul cattivo, tenendo in mano il costume che è ancora legato alla manichetta.

«Prendimi, se ci riesci!» esclama.

Incapace di resistere, il cattivo lascia andare ciò che teneva nella mano destra e la prende.

«E adesso, che cosa facciamo?» le domanda Chat Noir, vedendo che entrambi sono stati catturati.

«Alya, apri l'acqua!» esclama la supereroina.

La ragazza corre verso l'idrante collegato alla manichetta e lo apre. L'acqua scorre nel tubo

e comincia a gonfiare il costume che è legato all'estremità.

Il volume che assume è tale che il cattivo è costretto ad aprire la mano, momento in cui l'eroina ne approfitta per scappare.

Marinette si avvicina all'oggetto che il cattivo ha lasciato cadere, che altri non è che una pietra scura, e la manda in frantumi schiacciandola con il piede.

Dal suo interno esce volando una farfalla nera, l'akuma. All'improvviso, il cattivo si fa magicamente scuro, scoppia e, al suo posto, appare Iván.

«Che cosa succede? Che cosa ci faccio qui?» dice il ragazzo completamente disorientato.

«È incredibile! Lei è incredibile!» esclama Chat Noir, stupito dall'abilità che ha mostrato di avere la sua collega.

L'eroina raccoglie alcuni dei frammenti di

pietra che ospitavano l'akuma e osserva che si trasformano in una palla di carta.

Sorride, ricordando di che cosa si tratta.

«Sei stata fantastica… Coccinella!» si congratula Chat Noir. Non sa come si chiami, ma il suo costume gli ricorda una coccinella, uno di quegli scarabei rossi a pois neri.

«Ci siamo riusciti insieme!» dice lei.

I due si battono i pugni.

«Ben fatto!» esclamano all'unisono.

All'improvviso, l'anello di Chat Noir comin-

cia a emettere un lieve suono e una lucina, entrambi intermittenti. Significa che, tra qualche istante, tornerà a trasformarsi in Adrien.

«Dovresti andartene! La tua identità è segreta» gli dice l'eroina.

Chat Noir le fa un inchino.

«È stato un piacere! Lo rifacciamo presto, che ne dici?» le dice, prima di andarsene.

Con l'aiuto del suo bastone estensibile, sparisce in un attimo.

«Non molto presto, spero» mormora lei con un sorriso.

Dopodiché, prende la palla di carta, la scartoccia e legge il messaggio: "Non hai avuto il coraggio di dire a Mylène che ti piace! Vigliacco!".

«Me lo ha scritto Kim. Mi prende sempre in giro» le spiega Iván.

Lei si inginocchia al suo fianco.

«Non fare così. Non c'è niente di male se ti piace qualcuno, Iván» gli dice in tono comprensivo.

«Scusa, come fai a conoscere il mio nome?» si sorprende Iván, che naturalmente non sa che dietro alla maschera della supereroina si nasconde la sua compagna di classe Marinette.

Lei ridacchia nervosamente, perché ovviamente non può rivelare la sua identità.

Nel frattempo, vede che Alya li sta filmando con il suo cellulare, e fa un mare di domande: «È stupefacente! Incredibile! Spettacolare! Proteggerai Parigi d'ora in poi? Come hai ottenuto i tuoi poteri? Ti ha punto una coccinella radioattiva? Oh, ho tantissime domande! A proposito, come ti chiami?»

«Ladybug! Sono Ladybug!» afferma la supereroina.

«Ladybug! Che forte!» esclama Alya con ammirazione.

Ladybug sorride e usa il suo yo-yo per andarsene dal campo da calcio.

Una volta a casa, e di nuovo trasformata in Marinette, è in camera sua a guardare il notiziario insieme al suo kwami.

«Grazie a questa videoamatrice, i parigini conoscono i suoi supereroi» racconta la giornalista, mostrando il video di Alya.

«Sono io, Tikki!» esclama Marinette.

«Sei nata per questo!» le dice il kwami, avvicinando la sua guancia a quella della ragazza per sfiorarla con tenerezza.

In quel momento, la madre di Marinette la chiama per la cena. Anche alla televisione della sala da pranzo c'è il notiziario.

«Sono lieto di annunciare che organizzeremo una grande festa in onore dei nuovi eroi della città: Ladybug e Chat Noir!», racconta il sindaco.

La famiglia si siede a tavola per mangiare: il menu comprende fagioli con cordon bleu.

A casa sua, anche Adrien segue il notiziario con interesse.

«Ladybug, si chiama Ladybug!» dice, guardando lo schermo estasiato.

Nel frattempo, Plagg scoperchia alcuni piattini che Adrien ha disposto sul tavolo. Dentro ci sono vari dolci, e il kwami non esita a scegliere una coppa di gelato.

«Che schifo! Che cos'è questa roba?» domanda, guardando il gelato con repulsione.

«Mi prendi in giro, vero?» Questo lo ha preparato il nostro chef!» dice Adrien, offeso.

«Per recuperare le forze dopo una trasformazione, devo mangiare qualcosa di più... delicato!» dice Plagg, buttando il gelato per terra.

«Ebbene, che cosa ti piacerebbe?» gli domanda Adrien.

Nel frattempo, l'akuma liberato da Ladybug

sorvola Parigi e si posa sulla Tour Eiffel. Non appena tocca il monumento, l'oscura farfalla comincia a moltiplicarsi a dismisura.

Marinette sta lavando i piatti, quando all'improvviso sua madre, che sta guardando il notiziario, lancia un grido. La ragazza presta attenzione a quello che dice la giornalista: «Mentre Parigi stava per celebrare la comparsa dei nostri nuovi eroi, Ladybug e Chat Noir, un'ondata di panico ha devastato la capitale. Decine di persone sono state trasformate in mostri di pietra».

Le immagini, infatti, mostrano come gli akuma si posino sulle persone e queste assumano lo stesso aspetto roccioso di Iván quando era cattivo. Il padre di Marinette abbraccia la madre, che singhiozza preoccupata.

Marinette non può credere a quello che vede. Che delusione! Era convinta di aver agito in maniera corretta!

Intanto, Adrien osserva il suo kwami, che sta mangiando con gioia un pezzo di formaggio camembert.

«Formaggio camembert, fantastico...» mormora Adrien, rassegnato. «Quindi, va pazzo per il formaggio camembert. Significa che d'ora in poi puzzerò di formaggio per tutto il giorno.»

Il ragazzo presta attenzione al notiziario: «Le vittime, trasformate in pietra, sono come delle statue. La polizia è perplessa! Che cosa succederà adesso? Prenderanno vita o rimarranno così?»

«Plagg, che cosa succede? Lo abbiamo sconfitto!» esclama Adrien.

«Avete catturato l'akuma?» dice Plagg.

Nello stesso momento, Tikki e Marinette stanno avendo una conversazione molto simile.

«Che cosa c'entra l'akuma con gli altri mostri di pietra?» domanda la ragazza.

«L'akuma si moltiplica, per questo motivo bisogna catturarlo!»le spiega il kwami. Se le emozioni di Iván torneranno a essere negative, l'akuma lo trasformerà ancora una volta in Cuore di pietra, controllerà questi nuovi esseri rocciosi e farà in modo che prendano vita!»

«Allora, è colpa mia? Lo vedi, Tikki? Non sono tagliata per fare la supereroina!» esclama Marinette, depressa.

«Tranquilla, migliorerai. Ti trasformerai e catturerai l'akuma. E stavolta ci riuscirai!» la esorta il kwami.

A Marinette, però, viene quasi da piangere.

«Non posso, combino sempre guai e peggioro solo le cose. Chat Noir se la caverà meglio senza di me! Io ho chiuso!» esclama.

Tikki guarda Marinette, preoccupata: la vede molto decisa a rinunciare.

«Se Chat Noir non può catturare gli akuma,

cerca un'altra Ladybug. Io non sono capace!» dice la ragazza, mentre comincia a togliersi gli orecchini. «Mi dispiace, Tikki!»

«No, non lo fare…» la prega il kwami.

Tuttavia, è troppo tardi, togliendosi gli orecchini magici, il kwami è già scomparso.

«Tikki? Mi dispiace tanto…» dice Marinette, molto triste.

Dopo aver riposto i gioielli nella scatolina, si siede per terra e comincia a piangere.

Dal suo nascondiglio, Papillon riflette a voce alta, circondato da farfalle bianche.

«Iván ha un cuore sensibile» dice. «Non tarderà a provare nuovamente rabbia e tristezza. Lui e le statue di pietra prenderanno vita! Vediamo per quanto tempo continuerete a nascondervi, Ladybug e Chat Noir. Non appena sarò in possesso dei vostri miraculous, non avrete più poteri. Tutti si arrenderanno al mio cospetto! Sarò padrone del mondo!»

L'akuma che si era impossessato di Iván entra dalla finestra e s'infila dentro il pomello del bastone di Papillon. Il rosone della parete si chiude e la stanza resta completamente al buio; il supercattivo scoppia in una terrificante risata.

Gira pagina per
scoprire cosa succede
a Ladybug
e Chat Noir!

ZAG HEROEZ

Miraculous

Le Storie di Ladybug e Chat Noir

Le origini
Cuore di pietra

DeAGOSTINI

Capitolo 1

«I Cuori di pietra disseminati ai quattro angoli di Parigi continuano a non mostrare alcun segno di vita. Sono state predisposte delle transenne di sicurezza intorno a loro» informa la giornalista Nadia Chamack.

Al notiziario si vedono immagini di vari mostri di pietra completamente immobili, sparsi per la capitale francese.

Uno si trova vicino alla Tour Eiffel, un altro al museo del Louvre e un terzo all'Arco di Trionfo, ma ce ne sono molti di più.

Da quando il male si è diffuso per Parigi, gli akuma si sono impossessati di vari cittadini e li hanno trasformati in statue di pietra, che si animeranno quando Iván tornerà ad arrabbiarsi e Papillon lo trasformerà di nuovo in Cuore di pietra.

«Continuiamo a cercare il modo di riportare queste persone al loro aspetto, ma al momento non abbiamo piste da seguire» dichiara il sindaco di Parigi.

Le immagini cambiano e sullo schermo appaiono i supereroi che hanno sconfitto il gigantesco Cuore di pietra l'ultima volta.

«Speriamo che i nuovi angeli custodi di Parigi, Ladybug e Chat Noir, tornino presto per salvare questi poveri innocenti» dice la giornalista, concludendo il notiziario.

Marinette, che è in cucina con suo padre, resta immobile a guardare il televisore. Si sente in colpa per quello che sta succedendo. Se avesse catturato l'akuma, questo non si sarebbe moltiplicato né si sarebbe impossessato di tantissime persone. Suo padre si accorge che è preoccupata, anche se non potrebbe mai immaginare il vero motivo.

«Ascolta» dice a sua figlia «lo so che tutti questi avvenimenti sono un po' inquietanti, ma sta' tranquilla: adesso abbiamo due supereroi che vegliano su Parigi! E per aiutarli, bambina mia, la cosa migliore è dimostrare che non abbiamo nessuna paura, perché ci fidiamo di loro.»

«E se Ladybug decidesse di non tornare?» gli domanda Marinette, a testa bassa.

«Allora... sarò io a salvarti! Superfornaio alla riscossa!» esclama suo padre con una baguette in mano, brandendola come una spada.

Marinette ride e gli dà un bacio sulla guancia.

«Grazie, superpapà» gli dice.

Risollevata di morale, la ragazza va in camera sua a cercare la borsetta e lo zaino per andare a scuola. Tuttavia, prima di uscire, si ferma a guardare il cassetto in cui ha riposto la scatolina con gli orecchini magici. Titubante e senza saperne del tutto il motivo, la prende e la mette nella borsetta.

A casa di Adrien, l'atmosfera non è piacevole e familiare come a casa di Marinette. Vive in una villa enorme con suo padre, un uomo d'affari molto serio e intransigente, che deve avere tutto sotto controllo. Invece di permettere a suo figlio di andare a scuola come gli altri ragazzi della sua età, lascia che la sua assistente personale, Nathalie, si occupi di dargli lezioni private nel salotto di casa.

Oggi, però, Adrien è in ritardo, e questo sembra molto strano a Nathalie, perché il ragazzo di solito è puntuale e obbediente.

«Che cosa hai in mente, Adrien?» mormora fra sé e sé Nathalie mentre lo cerca preoccupata per tutta la casa.

Non lo trova, però, né nella sua camera né da nessun'altra parte. Dandosi per vinta, Nathalie va ad avvisare il padre di Adrien, il signor Gabriel.

«Non lo ha visto uscire? Se è successo qualcosa a mio figlio, qualsiasi cosa, la considererò responsabile, Nathalie!» le dice il signor Agreste con durezza.

Il ragazzo, in effetti, ha deciso di smettere di dare retta a suo padre ed è scappato per andare a scuola. Proprio in questo momento corre per le strade di Parigi per arrivare in tempo in classe. Accanto a lui, vola il suo kwami Plagg.

«Sei un ragazzo molto strano! Perché preferisci andare a scuola invece di restare tranquillamente a casa?» gli domanda il kwami, molto sorpreso.

«Tu non puoi capirlo, Plagg! Sono stufo di restare rinchiuso in casa per colpa di mio padre. Voglio conoscere gente, farmi degli amici e andare a scuola tutti i giorni come fanno gli altri!» risponde Adrien, esasperato.

Il kwami vola al suo fianco molto velocemente, per stare al passo. All'improvviso, si ferma ansimando.

«Ah, sento che sto per svenire!» si lamenta.

Anche Adrien si ferma, ed estrae un pezzo di camembert dalla sua borsa a tracolla.

«Spero che tu stia scherzando! Che mangi solo questo camembert dall'odore nauseante, va bene, ma sono io che lo porto! E il risultato è che accetto di puzzare come un caseificio. Questo sì che è molto strano!»

«Mangiare formaggio è ciò che mi dà forza. E se vuoi che ti trasformi, dovrai accettare l'odore

di calzini sporchi» risponde il kwami.

Adrien sospira con rassegnazione, si apre un lato della camicia in modo che Plagg si nasconda e corre verso la scuola.

In quel momento, Marinette attraversa la porta principale dell'istituto accompagnata da Alya. La sua amica le mostra lo schermo del cellulare per indicarle la pagina web che gestisce.

Il sogno di Alya è diventare una giornalista, e inoltre adora il mondo dei supereroi, per cui non perde mai l'occasione di dare informa-

zioni sul tema nel suo blog personale, pubblicizzando le notizie redatte da lei stessa e illustrandole con le sue foto e video.

«È il Ladyblog: la vostra fonte di informazione numero uno su Ladybug, la supereroina più incredibile» spiega la ragazza. «Forte, vero? Guarda il numero di visite che ho ricevuto grazie a questo video!»

«Ma perché riponi così tanta fiducia in Ladybug? Hai visto tutti quei mostri di pietra?» le dice Marinette, un po' angosciata nel vedere Alya così fiduciosa ed emozionata.

«Sono sicura che Ladybug sistemerà la faccenda!» esclama Alya, convinta.

«E se non fosse preparata per essere una supereroina, al contrario di ciò che può pensare la gente?» le dice Marinette.

«Che cosa vuoi dire?» si meraviglia Alya. «Oh, aspetta! Va bene, ho capito tutto.»

Entrambe si fermano. Alya si avvicina all'amica e la guarda fissa. Marinette si ferma senza fiato: l'ha scoperta?

«Hai paura» dice alla fine Alya. «Tranquilla, però, io sono stata vicina a Ladybug, l'ho vista con i miei occhi. Quella ragazza è una vera supereroina! Lei ci proteggerà, credimi!»

Alya continua a camminare, vivace, ma dopo aver fatto qualche passo, si ferma nel sentire una conversazione.

Su una panchina del cortile è seduto Iván Bruel, a testa bassa, circondato da un gruppetto di compagni di classe. Iván è il ragazzo di cui si è recentemente impossessato un akuma del malvagio Papillon e che si era trasformato nel cattivo Cuore di pietra.

«Non ti ricordi proprio niente di quello che hai fatto?» gli domanda una compagna.

«Se lo avessi visto, saresti impazzito. Non puoi immaginare come è stato forte!» aggiunge un'altra ragazza che è vestita in stile gotico e con la frangia tinta di viola.

«Davvero, volevi disintegrarmi!» esclama Kim.

Questo ultimo ragazzo era stato l'obiettivo del mostro perché, attraverso un bigliet-

tino, si era preso gioco di Mylène, la ragazza che piace a Iván. Anche Mylène si avvicina al gruppo, un po' in imbarazzo.

«Mi dispiace, non ero io!» si scusa Iván davanti a tutti i suoi compagni.

Appoggiata a una colonna vicina, anche Chloé e la sua fedele seguace Sabrina ascoltano la conversazione. La prima, prepotente come al solito, non può fare a meno di mettere becco.

«Certo! Come si dice: mostro un giorno, mostro tutti i giorni» dice a Iván, in tono sprezzante.

Di fronte a quelle parole, il ragazzo aggrotta le sopracciglia e si alza con i pugni ben stretti. Chloé è riuscita a farlo infuriare di nuovo!

I suoi compagni retrocedono un po', per lasciarlo passare, e Iván si allontana arrabbiato.

«Perfetto! Senza di te noi ci sentiamo molto

più sicuri!» esclama Chloé, schernendolo.

Alya e Marinette la guardano di traverso: per colpa sua, Iván è di nuovo arrabbiato!

Dal suo nascondiglio, il malvagio Papillon non potrebbe essere più felice.

«Bene, i commenti denigratori lasciano sempre il segno. Adirati, Iván. È quello che sta aspettando il tuo akuma!» dice il supercattivo, in mezzo alla stanza con il soffitto a volta e circondato da farfalle bianche.

Papillon è impaziente che Iván torni a trasformarsi in supercattivo e lo aiuti a rubare i miraculous di Chat Noir e Ladybug.

Adesso che il ragazzo torna a infuriarsi, l'akuma che se ne era impossessato è pronto per trasformarlo di nuovo.

Capitolo 2

Finalmente Adrien Agreste arriva a scuola e sale di corsa la scalinata dell'entrata. Tuttavia, prima di oltrepassare la porta principale, Nathalie, l'assistente di suo padre, lo ferma. La donna è appena scesa da una macchina.

«Adrien! Non lo fare! Tuo padre si arrabbierà!» lo chiama.

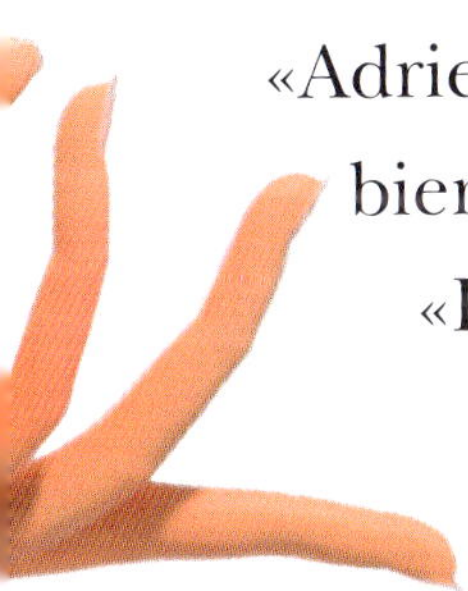

«Digli che sei arrivata troppo tardi, ti

prego!» la implora Adrien, prima di voltarsi ed entrare nell'edificio.

Nathalie si ferma a guardarlo allontanarsi, molto preoccupata perché adesso dovrà dare una brutta notizia al suo capo, un uomo estremamente esigente.

Nel frattempo, nell'aula, Alya non può fare finta di niente di fronte all'atteggiamento di Chloé. Furibonda, l'affronta.

«Come hai potuto dire quelle cose a Iván? Tu sì che hai il cuore di pietra!» sbotta Alya.

«Infatti sono stata io a rompere il braccio del padre di Sabrina, vero?» le risponde Chloé, riferendosi al poliziotto ferito dal mostro. «Vedi di non montarti la testa adesso che la televisione ha trasmesso le tue misere immagini di due supereroi!»

Spudorata, Chloé fa esplodere una bolla di gomma da masticare in faccia ad Alya.

«Non sei altro che una...» Alya è così arrabbiata che non le vengono le parole.

«Oh, attenzione, si è arrabbiata! Ora romperai la camicetta e ti trasformerai in un enorme mostro pieno di muscoli?» continua a prenderla in giro Chloé.

Alya stringe i pugni e se ne va infuriata, davanti allo sguardo soddisfatto di Chloé. Proprio in quel momento arriva Adrien.

«Ciao, Chloé!» la saluta il ragazzo, dato che è l'unica persona che conosce.

«Adri, sei venuto!» esclama Chloé entusiasta, lanciandogli le braccia al collo.

Adrien rimane così sorpreso che non ricambia l'abbraccio. Tutte le persone intorno si fermano a guardare.

«Ehi, ma quello lì non è Adrien Agreste?» commenta qualcuno.

«Oh, è ancora più bello di persona!» esclama una ragazza.

«È il modello, vero?» domanda qualcun altro.

Da parte sua, Marinette ha deciso di andare in cerca di Iván per calmarlo. L'ultima cosa che desidera è che continui a essere arrabbiato e che l'akuma torni a impossessarsi di lui.

Lo trova da solo, appoggiato agli armadietti, seduto ad ascoltare la musica. La ragazza si inginocchia al suo fianco e lui si toglie le cuffie.

«Sai una cosa? Credo che dovresti dire a

Mylène quello che provi per lei» gli dice Marinette, mostrandosi comprensiva.

«Che cosa dici! Non so di che cosa stai parlando!» risponde Iván, sulla difensiva.

«Andiamo, non far finta di niente, ho visto come la guardi» insiste Marinette.

Il ragazzo abbassa la testa.

«No! Devi evitare le emozioni negative!» esclama la ragazza, nervosa, vedendo che le sue parole non provocano l'effetto desiderato.

Marinette si avvicina di più a lui e gli tocca il braccio. Iván brontola e la guarda storto, e lei si ritrae, in fretta.

«Quello che voglio dire è che devi essere positivo! Sono sicura che anche Mylène è innamorata di te. Vai a parlarle» gli suggerisce Marinette.

«No, non sono bravo con le parole» dice il ragazzo, con il muso lungo.

«Allora prova con qualcos'altro: falle un disegno o regalale dei fiori» gli propone la ragazza.

Iván solleva la testa, sorpreso.

«E se le scrivessi una canzone?» domanda insicuro.

«Che bell'idea! Scrivile una canzone d'amore. Forza, corri, e soprattutto sii positivo!» continua a incoraggiarlo Marinette.

In qualche modo risollevato, il ragazzo si alza e se ne va via di corsa a preparare la sua composizione. Marinette sospira, un po' più tranquilla.

Al contrario, Papillon, che è ancora nel suo nascondiglio segreto, non è per niente contento.

«Non percepisco le onde negative di Iván! Sono scomparse!» esclama molto arrabbiato.

Per il momento, sembra che i suoi malvagi piani dovranno aspettare.

Nei corridoi della scuola, la presenza di Adrien continua a creare fermento.

«Mi firmi un autografo?» gli domanda un ragazzo dai capelli rossi, avvicinandogli un quaderno.

«Grazie, Adrien!» gli dice una ragazza, alla quale ha appena dedicato un altro autografo.

«Oh, grazie! Sei così bello...» esclama un'altra ammiratrice.

Mentre gli studenti continuano a fermarlo, Chloé lo tiene a braccetto; si sente assolutamente a suo agio. Entrano insieme in classe e Chloé indica emozionata il banco vuoto che si trova davanti al suo. Come compagno, Adrien avrà Nino, il ragazzo che se ne va sempre in giro con le cuffie al collo.

«Bene, tu ti siederai qui, Adrienuccio. Te l'ho tenuto libero, così starai davanti a me!» gli dice Chloé.

«Grazie» le dice Adrien.

Il ragazzo si siede al suo posto e si presenta al compagno di banco.

«Ciao, sono Adrien!» gli dice mentre tende la mano per stringerla.

«Quindi, sei amico di Chloé?» gli domanda Nino, senza dargli la mano e guardando la ragazza con disprezzo.

In quel momento, Chloé ne sta facendo una

delle sue. Dà una gomma che stava masticando alla sua fedele amica Sabrina, inginocchiata davanti a lei, e le chiede di appiccicarla su un posto che in quel momento è vuoto.

Adrien non può credere a quello che vede.

«Ma che cosa stai facendo, Chloè?» le domanda attonito, alzandosi.

«Le due che stanno sedute qui mi hanno trattato malissimo ieri. Non posso far finta di niente, devo insegnar loro a rispettarmi» spiega lei, altezzosa.

«Sei proprio sicura di volerlo fare?» la rimprovera Adrien.

Il ragazzo, senza farsi notare dalla sua supposta amica, cerca di staccare la gomma appiccicosa dalla sedia.

«Hai ancora molto da imparare, Adrienuccio! Lascia fare all'esperta» gli dice Chloé, ridendo.

Molto orgogliosa di sé, Chloé si siede al suo posto, e Sabrina le si mette al fianco.

Marinette e Alya stanno percorrendo un corridoio dell'istituto, mentre chiacchierano.

«Alya, ti piacerebbe essere una supereroina? Lottare contro i mostri e i cattivi? » le domanda Marinette.

«Certo che sì! Non avrei paura! Perché?» chiede la sua amica.

«Ah, facevo per dire!» risponde lei, frettolosamente.

Senza farsi vedere, Marinette estrae dalla sua borsa la scatolina che contiene gli orecchini di Ladybug e la mette nella borsa a tracolla di Alya. È convinta che la sua amica sarà una supereroina molto migliore di lei.

Quando entrano in classe, Marinette rimane sbalordita vedendo Adrien, il nuovo compagno di classe, che armeggia sulla sua sedia. Non vede di che cosa si tratta, perché lui le dà le spalle.

«Si può sapere che cosa stai facendo?» domanda, arrabbiata.

Adrien sobbalza e cerca di balbettare una risposta. Qualche metro più indietro, Chloé e Sabrina cominciano a ridere, e Marinette fraintende la situazione.

«Bene, ho capito. Complimenti a tutti e tre. Molto divertente!» esclama Marinette, molto seria. Ha dato per scontato che Adrien sia in combutta con Chloé e Sabrina.

«No, no! Volevo solo togliere la gomma dalla tua sedia» spiega il ragazzo.

«Ah, sì?» risponde Marinette, affrontandolo, perché non gli crede.

La ragazza estrae un fazzoletto dallo zaino e lo mette sopra la gomma per poterla togliere. Chloé e Sabrina continuano a sbellicarsi dalle risate. Adrien la osserva, dispiaciuto.

«Tu sei amico di Chloé, giusto?» gli domanda Marinette.

«Perché me lo chiedete tutti?» si lamenta il povero Adrien.

Marinette lo guarda storto e si siede sulla sedia ripulita, a braccia incrociate. Adrien torna al suo posto, molto afflitto.

«Ora capisci a che cosa mi riferivo!» dice Chloé ad Adrien, pensando di guadagnarsi in questo modo il rispetto dei suoi compagni.

Adrien sospira e nemmeno la guarda. Nino osserva sorpreso il suo nuovo compagno di banco; pensava che fosse un caro amico di Chloé, ma capisce che in realtà non gli va molto a genio e gli dà fastidio che lo associno a lei.

Marinette, che è seduta abbastanza vicino ad Adrien, gli lancia un'occhiata.

«Ho l'impressione di averlo visto da qualche parte!» dice ad Alya.

Alya cerca qualcosa su internet sul suo cellulare e lo indica a Marinette. Sono diverse copertine di riviste di moda, e in tutte appare Adrien come modello.

«Ecco dove! È il figlio di Gabriel Agreste, il mio stilista preferito!» esclama Marinette.

«Figlio d'arte, modello e anche amico di Chloé! Ah! Meglio stargli alla larga!» esclama Alya.

Nino interrompe i pensieri del suo nuovo compagno.

«Adrien, perché non hai detto a Marinette che è stata Chloé?» gli domanda.

«Conosco Chloé da quando ero bambino. So che non è perfetta, ma non me la sento di tradirla, è l'unica amica che ho» risponde lui, abbattuto.

«Io sono Nino. È arrivata l'ora che ti faccia dei nuovi amici!» gli dice il suo compagno.

Adrien sorride e gli stringe la mano.

Capitolo 3

Mylène, la ragazza che piace a Iván, esce dal bagno correndo, perché è in ritardo per la lezione. Appena apre la porta, si scontra con qualcuno che è il doppio di lei: Iván! Lei è piccolina, ha i dread e i vestiti di molti colori diversi; al contrario, lui è alto e corpulento, indossa una t-shirt nera con due ossa incrociate al centro e porta i capelli corti a eccezione del ciuffo, che è biondo.

«Iván? Mi hai spaventato!» esclama Mylène, di soprassalto.

«Ti ho scritto questa» le dice il ragazzo, in tono brusco, a causa del suo stato di profondo nervosismo.

Fa partire una musica orribile dal cellulare e, leggendo quello che c'è scritto su un foglio, comincia a gridare con il suo vocione: «PER TE, MYLÈNE! PIÙ RESISTENTE DI UNA CATENA! VUOI ESSERE LA MIA REGINA?!»

La povera ragazza si tappa le orecchie e se ne va via correndo, terrorizzata.

Vedendo che è rimasto da solo, Iván si infuria. Accartoccia il foglio e lo stringe con forza nel pugno sinistro. Poi, butta per terra il cellulare e lo calpesta, pieno di rabbia.

Questi sentimenti negativi richiamano

l'attenzione di Papillon. Si trova, come al solito, in piedi al centro del suo nascondiglio segreto, circondato da farfalle bianche e illuminato dal raggio di luce che entra dal grande rosone.

«Sì! È esattamente quello che stavo aspettando!» esclama. «Conosci già la strada, malefica akuma. Esci in cerca della tua vittima. Vola da lei e oscura il suo cuore!»

L'akuma, che era tornato da Papillon e che costui ospitava nel pomello del suo bastone, esce volando e si dirige verso la scuola in cerca di Iván.

Qualche minuto dopo, la farfalla nera trova il ragazzo sfinito, seduto per terra, e s'impossessa della palla di carta che tiene in mano. Immediatamente, nella mente di Iván risuona l'inquietante voce di Papillon.

«Cuore di pietra, eccoti la tua seconda possibilità» gli dice il cattivo. «Questa volta sarà più facile: nessuno ti impedirà di conquistare la tua amata. In cambio, non dimenticare di farmi un piccolo favore...»

Papillon vuole che Iván prenda i miraculous di Ladybug e Chat Noir (vale a dire, gli orecchini e l'anello magici) per poter ottenere il potere assoluto.

La magia malvagia si diffonde dalla terribile palla di carta al corpo di Iván e, in questo modo, il ragazzo si trasforma di nuovo in Cuore di pietra.

Il colossale mostro si mette a percorrere i corridoi della scuola, pestando con forza i piedi. Inoltre, sotto il suo comando, quei parigini che si erano trasformati in mostri di pietra immobili prendono tutti vita contemporaneamente.

Sebbene i mostri fossero sorvegliati dalla polizia, i poveri agenti non possono fare niente per fermarli: sono troppo grandi e forti, e i proiettili non servono contro i corpi fatti di roccia massiccia.

Nel frattempo, iniziano le lezioni. Innanzitutto, la signorina Bustier fa l'appello di tutti gli alunni.

«Agreste, Adrien» dice per primo.

Adrien, che non ha familiarità con le regole scolastiche, non sa che cosa deve fare. Nino, il suo compagno e nuovo amico, se ne accorge e gli sussurra:

«Devi dire "presente".»

Adrien si alza in piedi e solleva la mano.

«Presente!» esclama, di fretta.

Gli altri studenti ridono, e la signorina Bustier non può fare a meno di sorridere.

«Bourgeois, Chloé» continua la professoressa.

«Presente!» dice la ragazza.

«Bruel, Iván» recita l'insegnante.

E, proprio in quel momento, irrompe nella classe Iván, trasformato in Cuore di pietra, sfondando la porta.

«Presente!» urla.

Il mostro va dritto verso Mylène. Alcuni studenti fuggono dall'aula, mentre il cattivo afferra la ragazza.

«Mylène!» esclama il cattivo.

«No, lasciami, Iván» lo supplica lei.

«Adesso sono Cuore di pietra!» le risponde il supercattivo pieno di rabbia.

«Perché ti comporti così?» domanda lei.

«Per poter stare con te per sempre!» esclama Cuore di pietra.

All'improvviso, il mostro sente una voce che proviene da sotto un banco.

«Papà, il mostro è tornato!» dice Chloé. La ragazza parla al telefono con suo padre, il sindaco di Parigi.

Il mostruoso golem solleva il banco e vede Chloè rannicchiata là sotto.

«Tu!» le grida prima di prendere anche lei. Adesso tiene una ragazza in ciascuna mano.

La professoressa e alcuni alunni che non hanno avuto il tempo di uscire dalla classe osservano la scena, stupefatti. Alya non perde un attimo e filma tutto con il suo cellulare.

Il cattivo abbatte una parete e si lancia fuori, portando con sé Chloé e Mylène. Poi, si allontana per la strada, facendo a pezzi la pavimentazione al suo passaggio.

«Vieni, seguiamolo!» esclama Alya.

Marinette tira fuori la testa da dietro un banco ed esita.

«Ehm… No, no! Vai tu, io preferisco rimanere al sicuro» decide.

«Se non vieni, ti perderai Ladybug in azione» insiste Alya.

«Sicuramente tutti ve la caverete meglio senza di me» dice Marinette.

«Come vuoi» le dice la sua amica.

Alya esce di corsa. Marinette si accorge che la ragazza ha lasciato in classe la borsa a tracolla, dove si trova nascosta la scatolina con gli orecchini magici.

Di corsa, la prende e si mette a correre dietro all'amica.

«Alya, ti sei dimenticata la borsa!» le grida.

Adrien, che è riuscito a sgattaiolare via, si trova vicino agli armadietti. Apre la camicia e, un attimo dopo, ne esce volando il suo kwami.

«È il mio primo giorno di scuola e non sono arrivato nemmeno alla ricreazione» si lamenta il ragazzo.

«Hai il giorno libero? Che bella notizia!» si rallegra Plagg.

«È il momento di fare i compiti! Plagg, trasformami!» esclama Adrien.

L'anello del ragazzo assorbe il kwami e, subito dopo, trasforma Adrien in Chat Noir. Adesso indossa un costume e una maschera neri, orecchie e coda da gatto, un campanellino e la sua arma, un bastone estensibile.

Intanto, Cuore di pietra se ne va in giro per Parigi con le ragazze nelle sue grosse mani.

«Credo che tu non ti renda conto di chi

sono io! Mio padre è il sindaco di Parigi e chiamerà la polizia, l'esercito e la cavalleria!» lo minaccia Chloé.

In quel momento, appare Chat Noir! Colpisce il mostro e si pianta di fronte a lui.

«Non stai dimenticando i supereroi?» domanda alla ragazza.

A causa del colpo, Cuore di pietra risplende e aumenta di dimensione, come sempre quando riceve un attacco fisico.

«Mi dispiace!» dice Chat Noir, accorgendosi del suo errore.

«Vorrai dire i superincompetenti!» lo rimprovera Chloé.

«Volevi la cavalleria? Eccola qui!» esclama Cuore di pietra.

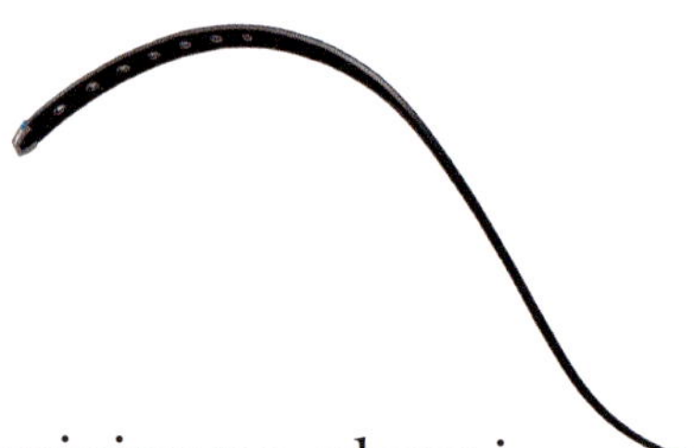

Dalle strade vicine, si avvicinano alcuni golem. Sono il suo esercito personale!

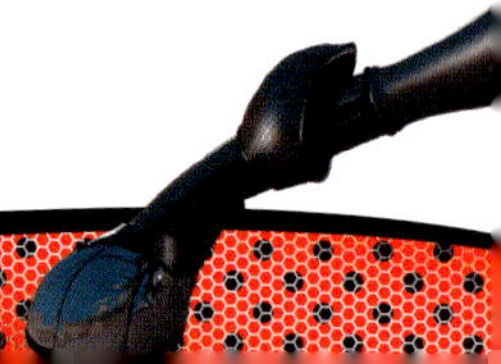

«Catturatelo!» ordina Cuore di pietra a tutti i cattivi che comanda.

In un attimo, Chat Noir si trova circondato da vari mostri di pietra, ma, con l'agilità di un felino, li schiva. Cuore di pietra ne approfitta per scappare.

«Dove andiamo?» domanda Mylène.

«A consegnare un messaggio. Adesso tu e io, grazie a una farfalla nera, staremo sempre insieme!» risponde il golem.

«Se ti sono d'intralcio, mi puoi lasciare qui?» commenta Chloé con tono beffardo.

«Non preoccuparti, mostriciattolo: più tardi mi occuperò di te» le risponde il cattivo.

Chloé lo guarda spaventata, senza replicare.

Capitolo 4

Alya corre per le strade fino ad arrivare nel luogo in cui Chat Noir sta affrontando i mostri di pietra. Si nasconde dietro a un cestino dell'immondizia e si mette a filmare il combattimento con il suo cellulare.

«Ladybug, se mi senti, mi servirebbe una mano!» esclama il supereroe.

«Ma che cosa aspetta?» dice tra sé e sé Alya.

Marinette arriva correndo qualche secondo dopo, con la borsa di Alya a tracolla, e si ferma a osservare la situazione. Uno dei mostri ha appena lanciato in aria una macchina, e il veicolo va dritto verso Alya, che lo guarda terrorizzata. Per fortuna, Chat Noir lancia il suo bastone estensibile ed evita che Alya finisca schiacciata, anche se rimane intrappolata tra l'auto e un muro.

Uno dei mostri approfitta della distrazione dell'eroe e lo cattura.

«Lasciami andare, mucchio di pietre!» esclama Chat Noir, dimenandosi per liberarsi. Per di più, l'eroe ha perso la sua arma!

A Marinette cade la borsa di mano. Il cuore le batte più forte, non è possibile che stia succedendo tutto questo! È colpa sua se la sua miglior amica e Chat Noir sono in pericolo?

«Aiuto» strilla Alya.

Il grido della sua amica l'aiuta a trovare il coraggio. Marinette prende la scatolina che aveva messo nella borsa di Alya e indossa gli orecchini. Il suo kwami si materializza davanti a lei e allunga le zampine.

«Ho bisogno di trasformarmi in Ladybug!» dice la ragazza con premura.

«Sapevo che avresti cambiato opinione!» esclama Tikki, molto felice.

«Va bene, ancora non so se sono pronta per questo, ma Alya è in pericolo, non posso

restare con le mani in mano» dice la ragazza. «Tikki, trasformami!»

Gli orecchini magici assorbono il kwami e, dopo pochi secondi, la ragazza si trasforma nella supereroina Ladybug. Indossa un costume e una maschera rossi a pois neri e, legata alla cintura, la sua arma: uno yo-yo magico. Una volta trasformata in eroina, l'insicura e goffa Marinette acquista fiducia in se stessa.

Per prima cosa lancia il suo yo-yo, spostando leggermente il veicolo che intrappola Alya. Appena può muoversi, la ragazza esce di corsa e si ferma in mezzo alla strada.

«Non restare qui, è troppo pericoloso!» l'avverte la supereroina.

Con l'aiuto dello yo-yo, Ladybug raccoglie da terra il bastone estensibile di Chat Noir e va ad aiutare l'eroe.

Girato l'angolo, vede una lunga fila di mostri

di pietra. Il primo di loro trasporta Chat Noir stringendolo in mano. Senza perdere tempo, Ladybug gli lancia il bastone.

«Chat Noir, la tua arma!» gli grida.

L'eroe prende il bastone, lo estende per liberarsi dalla mano del mostro e cade in mezzo alla strada, un po' stordito. Ladybug, dall'alto di un lampione, lo afferra per una gamba con il suo yo-yo e lo solleva giusto in tempo per evitare che riceva un pugno di uno dei cattivi. Chat Noir rimane appeso al lampione a testa in giù, sostenuto dalla corda dello yo-yo.

«Scusa il ritardo!» si scusa Ladybug.

«Milady, ti ho già detto quanto sei fantastica?» le dice Chat Noir, facendole l'occhiolino.

«Vedo che siamo in vena di

battute, oggi» gli risponde Ladybug, divertita.

Le grida dei tre mostri di pietra li interrompono.

«Rimandiamo le chiacchiere a dopo. Dobbiamo andarcene, e subito!» dice Ladybug prima di saltare su un tetto.

Chat Noir la segue, saltellando sopra camini e tetti.

«Ehi! Perché non ci occupiamo di loro?» le domanda il supereroe.

«Se vogliamo salvarli tutti, dobbiamo concentrarci solo su uno» gli dice Ladybug.

Apre lo yo-yo magico e gli indica quello che mostra lo schermo al suo interno. «Dobbiamo trovare questo.»

Lo yo-yo magico mostra il Cuore di pietra originale salito sulla Tour Eiffel, circondato da elicotteri della polizia.

Quando arrivano davanti alla Tour Eiffel, osservano il largo spiegamento di polizia. Inoltre, vedono che da tutte le parti si stanno

avvicinando molti altri mostri fatti di pietra. Il sindaco, che è il padre di Chloé, parla al cattivo con un megafono.

«Esigo che mi restituisca mia figlia!» gli grida, molto nervoso.

«Papà!» strilla Chloé, che è ancora tra le mani di Cuore di pietra.

«Sa una cosa? Sarà un piacere!» gli risponde il mostro.

Senza pensarci due volte, il cattivo lancia Chloé con tutte le sue forze in direzione del sindaco. L'altezza dal primo piano della Tour Eiffel è notevole; a mezz'aria, Chloé comincia a pregare e a mormorare promesse, spaventata a morte.

«Se la passo liscia, sarò gentile con tutti, lo giur...» dice la ragazza.

Quando aveva già perso tutte le speranze, Ladybug la prende tra le braccia, proprio prima che si schianti al suolo. Chloé interrompe il giuramento che stava pronunciando mentre cadeva e fissa l'eroina.

«Non l'ho giurato!» esclama Chloé.

«Come?» le domanda Ladybug.

Chloé corre ad abbracciare suo padre, che si dirige verso di lei a braccia aperte.

«Mia piccola principessa!» esclama lui.

Un agente con il braccio ingessato sale in

cima a un furgone della polizia e si mette a impartire ordini.

«Adesso possiamo attaccare!» grida.

I suoi uomini si preparano a sparare.

«Aspettate, no! Non lo attaccate! In questo modo peggiorerete solo le cose!» esclama Ladybug.

Accanto a lei c'è Chat Noir.

«No, adesso non ci servono dei supereroi.

Lasciate fare ai professionisti, che voi ci avete già provato e avete fallito» replica il poliziotto.

La supereroina rimane di sasso e comincia a diventare insicura.

«Ha ragione» dice a Chat Noir, mentre si copre il viso con le mani. «Se avessi catturato l'akuma di Cuore di pietra, tutto questo non sarebbe accaduto. Non sono all'altezza, non posso essere una supereroina!»

«Che cosa stai dicendo? Non è vero. Se non fosse per te, Chloé non sarebbe viva» le dice Chat Noir. «Adesso riprendi il controllo, senza di noi non ce la faranno mai. E glielo dimostreremo! Fidati di me, d'accordo?»

Ladybug accenna un sorriso. Sembra che le parole del supereroe le abbiamo risollevato il morale.

In quel momento, Cuore di pietra, che

è ancora al primo piano della Tour Eiffel con Mylène, si mette a tossire forte.

Si piega e si scuote fino a che, alla fine, sputa fuori una grande quantità di akuma. Poi, cade dalla torre e resta disteso a faccia in su per terra, totalmente immobile.

Il nugolo di farfalle nere prende la forma di un volto, e comincia a parlare.

«Parigini, ascoltatemi attentamente. Sono Papillon» annuncia con un tono inquietante.

Tutti lo guardano con stupore.

«Papillon?» domandano Ladybug e Chat Noir all'unisono.

«Ladybug, Chat Noir! Datemi i vostri miraculous, gli orecchini e l'anello, e tutto tornerà a posto! La gente ha sofferto già abbastanza per colpa vostra» dice loro il supercattivo.

Quattro elicotteri circondano il volto che fluttua in aria davanti alla Tour Eiffel. Tutti i parigini guardano increduli il notiziario.

Ladybug si avvicina alla faccia, applaudendo e sorridendo con sarcasmo.

«Bella mossa, Papillon, ma non ci provare!» esclama mentre prepara il suo yo-yo. «Tutti sappiamo chi è il supercattivo: sei tu quello che ha trasformato tutti questi innocenti in mostri di pietra. Papillon, non importa il tempo che ci vorrà: ti troveremo! E sarai tu a darci il tuo miraculous!»

L'eroina si solleva con l'aiuto dello yo-yo, quando è di fronte al volto, l'attacca fino a farlo dissolvere del tutto.

«Ladybug sconfigge il male!» grida mentre cattura la nube di akuma con lo yo-yo, davanti allo sguardo stupito di tutte le persone lì assembrate: il sindaco e sua figlia Chloé, il corpo di polizia, Chat Noir e un mucchio di giornalisti.

Capitolo 5

Dopo aver sconfitto il supercattivo e mandato in fumo il suo piano malvagio, Ladybug annuncia ai parigini dall'alto della torre: «Ve lo prometto: Ladybug e Chat Noir faranno tutto ciò che è in loro potere per aiutarvi!

La supereroina apre il suo yo-yo magico, da cui esce volando una graziosa nube di farfalle bianche, che riempiono il cielo di Parigi. Tutti i parigini la festeggiano, applaudendo il grande coraggio dell'eroina. Chat Noir è rimasto a bocca aperta dopo aver visto Ladybug in azione.

«Caspita!» esclama l'eroe. «Non importa chi si nasconde dietro alla maschera, quella ragazza è fantastica!»

Nel suo nascondiglio segreto, Papillon è fuori di sé. Pensava di avere la vittoria in pugno!

«Questo è il problema dei supereroi: sono troppo… eroici!» borbotta di pessimo umore.

Non si dà, tuttavia, per vinto, perché sa che ha ancora una possibilità di vincere. Telepaticamente, si mette in contatto con Iván, che continua a essere privo di sensi ai piedi della torre. Tiene ancora tra le mani Mylène.

«Cuore di pietra, cercheranno di portarti via la tua amata! Prendi i loro miraculous, così non potranno fare niente contro di te» gli ordina.

POLICE

Il mostro di pietra si alza e annuisce.

«D'accordo, Papillon, lo farò» gli risponde.

«Aiutooo!» grida la ragazza nel sentirlo.

«Non mi porterete mai via Mylène!» urla Cuore di pietra.

Furioso come una belva, il supercattivo comincia ad arrampicarsi sulla Tour Eiffel.

«Venite da me, uomini di pietra!» grida per attrarre il suo esercito di golem.

Gli altri mostri seguono le sue istruzioni e

cominciano a salire sulla torre. Gli eroi, che si trovano al primo piano, li guardano impotenti.

Riusciranno mai a sconfiggere, una volta per tutte, quei giganteschi mostri?

«Ecco che arrivano! Che facciamo? Non possiamo neanche colpirli!» esclama Chat Noir, perché aumenterebbero di dimensione.

«È proprio così, però la cosa buona è che sappiamo dove è l'akuma» dice Ladybug.

«Sì, nel suo pugno chiuso, lo stesso in cui stringe Mylène, quindi?» chiede Chat Noir.

Cuore di pietra passa oltre il primo piano, dove si trovano i due supereroi, e continua a scalare la torre.

«Quindi, sappiamo che è innamorato di lei...» riflette la supereroina. «Giusto! Non dobbiamo separare Mylène da Cuore di pietra, ma dobbiamo avvicinarli! Sono fatti l'uno per l'altra, ma ancora non lo sanno.

Ladybug è convinta che il suo piano funzionerà, ma Chat Noir la guarda un po' sconcertato.

«Ehm... non ho ben capito, ma mi fido di te»le dice». Ho l'impressione che sarà sempre così con te.

Ladybug si arrampica sulla torre con l'aiuto dello yo-yo, e Chat Noir le va dietro.

Nella parte superiore del monumento vedono Cuore di pietra, aggrappato come se fosse King Kong, circondato da elicotteri. L'eroina riesce ad arrivare in cima alla torre.

«Aiuto, ho le vertigini!» grida Mylène.

«Non preoccuparti, andrà tutto bene!» la tranquillizza Ladybug.

Il cattivo grida furioso. Alcuni mostri di pietra circondano Chat Noir, che si è fermato al secondo piano della torre.

«E come avvicineremo Mylène e Cuore di pie-

tra ancora di più di così?» domanda Chat Noir a Ladybug, a gran voce.

«Utilizzando i nostri poteri. Lucky Charm!» grida Ladybug, lanciando in aria il suo yo-yo magico.

Ogni volta che attiva il suo superpotere, cade tra le sue mani un oggetto che l'aiuterà a sconfiggere il nemico. Ladybug lo guarda dubbiosa. Questa volta si tratta di uno zaino rosso a pois neri che contiene un paracadute.

«Un paracadute? E io che cosa ci faccio con questo?» si domanda.

«Sei sicura di avere completamente sotto controllo il tuo potere?» le chiede Chat Noir.

«Bene, adesso lo vedremo»risponde lei, indossando lo zaino.

Ladybug lancia lo yo-yo contro il cattivo e lo avvolge con la corda. Quello, che si trova alcuni metri più in basso, si aggrappa con una mano alla torre e con l'altra sostiene Mylène.

Ladybug tira lo yo-yo, e il braccio che tiene Mylène si avvicina alla faccia del mostro, in modo tale che la ragazza finisce per dargli un bacio. Per la sorpresa, Cuore di pietra apre il pugno e lascia andare sia Mylène sia la palla di carta di cui si è impossessato l'akuma e che ha la forma di una pietra nera. Per fortuna, Mylène riesce ad aggrapparsi a Cuore di pietra ed evita di cadere.

Quasi contemporaneamente, Chat Noir colpisce la pietra con il suo bastone, e Ladybug la cattura con lo yo-yo. La pietra si rompe e l'akuma esce volando.

«Niente più malefatte, akuma. Hai già causato abbastanza danni! Ladybug sconfigge il male!» esclama la supereroina.

Ladybug si prepara ad afferrare l'akuma con il suo yo-yo, ma vedendo quello che succede intorno a lei si ferma. La magia malvagia ha smesso di possedere Iván e il mostro è tornato a trasformarsi in un ragazzo, che inevitabilmente finisce per staccarsi dalla torre e cade nel vuoto. Tanto Mylène quanto Iván precipitano a tutta velocità. Ladybug deve decidere se catturare l'akuma o salvarli.

Sa che non può perdere nemmeno un secondo, così entra in azione!

«Chat Noir, occupati di Iván!» gli chiede,

e salta dalla torre in direzione di Mylène.

«Cataclisma!» esclama l'eroe per attivare il suo superpotere.

Il potere della distruzione si concentra nella sua mano destra, così che la prossima cosa che tocca si distrugga. Chat Noir salva Iván in piena caduta e subito dopo tocca la torre, in modo che una delle sue sbarre si pieghi verso l'esterno. Si aggrappa a quella con una mano, mentre tiene il ragazzo con l'altra.

Simultaneamente, dopo aver raggiunto Mylène, Ladybug lancia il suo yo-yo e cattura l'akuma.

«Ti ho preso!» dice.

Nel frattempo ha aperto il paracadute, e le due atterrano sane e salve. Il supereroe ammira la sua coraggiosa collega.

Ladybug si toglie il paracadute e

apre lo yo-yo, dal quale esce volando una bellissima farfalla bianca.

«Addio, piccola farfalla. Miraculous Ladybug!» esclama.

La magia della buona sorte si diffonde ovunque e tutti i mostri di pietra prendono di nuovo sembianze umane. Tutti i parigini che si erano trasformati in cattivi adesso si guardano intorno, confusi.

Capitolo 6

Chat Noir, che ancora regge Iván, atterra al fianco di Ladybug e Mylène.

«Wow! Stai vedendo quello che vedo io?» domanda l'eroe.

Tutti osservano meravigliati come la potente magia di Ladybug fa il suo dovere.

«È magnifico e incredibile! È… un miracolo!» esclama Ladybug, felice nel vedere ciò che è capace di fare.

Nel suo nascondiglio, il supercattivo Papillon è furioso, ma non si dà per vinto.

«Questo è solo l'inizio, Ladybug. Tu e Chat Noir potete aver vinto questa battaglia, ma sarò io a vincere la guerra! Un giorno mi impadronirò dei vostri miraculous, otterrò il potere assoluto e il mio desiderio più profondo si realizzerà!» dice.

Intorno alla Tour Eiffel, la polizia sta togliendo le recinzioni che transennavano la zona di sicurezza.

Ladybug guarda Iván e Mylène.

«Bene, penso che abbiate delle cose di cui parlare, voi due» dice loro con un sorriso.

Iván comincia a balbettare nervoso. Ladybug prende la palla di carta che era stata akumatizzata e la consegna a Mylène.

«Forse dovresti leggere il testo della canzone che Iván ti ha scritto» le consiglia dol-

cemente l'eroina, prima di lasciarli soli.

Quando Mylène finisce di leggere la canzone, i suoi occhi brillano intensamente. Iván le lancia un'occhiata, insicuro.

«Wow, mi è piaciuta molto! È bellissima!» esclama la ragazza, veramente ammirata. «È un peccato che non si capisca troppo bene quando urli, cioè, quando canti...»

«Ti sei spaventata, vero? Per questo te ne sei andata? Mi dispiace, canterò a voce più bassa» le dice Iván, guardandola finalmente negli occhi.

Mylène gli sorride e, d'impulso, lo abbraccia forte, tanto che Iván resta confuso e diventa rosso come un pomodoro.

Ladybug e Chat Noir li osservano da una certa distanza.

«Sono davvero fatti l'uno per l'altra» commenta Ladybug.

«Sì, come noi due» le risponde Chat Noir, giocoso.

Proprio in quel momento, l'anello dell'eroe comincia a emettere un bip e una lucina verde intermittente.

«È il tuo miraculous, te ne devi andare! Ci vediamo, Chat Noir» gli dice lei, con lo stesso tono giocoso, prima di allontanarsi per aria con il suo yo-yo.

Chat Noir la saluta con la mano e poi fa un inchino.

«Spero presto, milady» mormora quando l'ha già persa di vista.

Poi, si dirige verso un luogo dove può trasformarsi nuovamente in Adrien senza che nessuno lo scopra.

Il giorno seguente, Marinette arriva a scuola accompagnata dalla sua amica Alya.

«Tutto è successo mentre andavo a prendere la bicicletta per recarmi alla Tour Eiffel, e me lo sono persa! Che rabbia!» si lamenta Alya.

«Non ti preoccupare, prima o poi avrai il tuo scoop» la consola Marinette.

«Hai ragione! Ecco il mio prossimo obiettivo: un'intervista esclusiva con la supereroina Ladybug» dice Alya. Aspetta, ho un'idea ancora migliore: scoprirò chi si nasconde dietro alla maschera di Ladybug» aggiunge emozionata.

«Buona fortuna, allora!» le augura Marinette.

Davanti alla scuola c'è parcheggiata una macchina, e dentro ci sono Adrien e Nathalie. Il ragazzo sta facendo una videochiamata con suo padre.

«Adrien, mi hai disobbidito e non lo posso tollerare. Vedi quella scuola?» gli dice il signor Gabriel Agreste con tono severo.

«Sì, la vedo, papà» dice il ragazzo, afflitto, guardando attraverso il finestrino.

«Ebbene, non ci tornerai mai più, ribadisco, mai più...» continua Gabriel.

«Papà, no...» lo interrompe Adrien.

«...senza la tua guardia del corpo!» termina suo padre. «Ti accompagnerà e ti verrà a riprendere ogni giorno.»

Il ragazzo, sorpreso per il cambio di atteggiamento, sorride felice.

«Nathalie si è offerta di organizzare il tuo nuovo orario. Continuerai le tue lezioni di musica, cinese, scherma e, naturalmente, i servizi fotografici» gli spiega Gabriel.

Adrien lancia uno sguardo di ringraziamento a Nathalie. La donna ha un'espressione severa e neanche guarda il ragazzo, ma lui sa che tutto è stato possibile grazie a lei.

«Grazie, Nathalie. Grazie mille, papà!» esclama Adrien.

Contento come una Pasqua, apre la portiera della macchina ed esce correndo verso l'edificio.

Marinette e Alya sono arrivate in classe un attimo prima di Chloé e Sabrina. Alya si dirige verso il banco che avevano occupato il giorno prima, ma Marinette la ferma e la porta al suo posto di sempre, quello da cui era stata scacciata Chloé in malo modo.

Le due amiche si siedono lì, proprio dietro a Nino; Adrien non è ancora arrivato.

Quando Chloé e Sabrina entrano in classe, guardano furiose Marinette e Alya.

«Voi due avete sbagliato posto! Andate a sedervi da un'altra parte!» sbotta Chloé.

«Il male può trionfare solo se le persone buone non reagiscono»le risponde Marinette con tranquillità.

Alya la guarda orgogliosa.

«Si può sapere che cosa intendi dire con questo?» domanda Chloé, irritata.

«Intendo semplicemente dire che non mi lascerò più sopraffare, Chloé. Né io né nessun altro della classe. Quindi, per cominciare, mi farai il favore di sederti lì» le risponde Marinette, alzandosi in piedi e indicandole il posto che il giorno prima le aveva fatto occupare Chloé.

Gli altri compagni di classe ridono di Chloé, che non può fare altro che sedersi dove le

viene detto. Marinette si risiede, molto soddisfatta.

«Ben detto!» si congratula con lei Alya.

Intanto, arriva Adrien, che saluta molto felice Nino e Marinette. Nino ricambia il saluto, ma Marinette gira la testa, ancora offesa per quanto successo il giorno precedente.

«Eri tu quello che voleva avere degli amici, no? Dovresti parlare con Marinette della gomma da masticare» lo esorta Nino, vedendolo abbattuto per la reazione della ragazza.

«Che cosa le dico?» chiede Adrien.

«Devi solo dirle la verità» insiste Nino, che sa che è tutto frutto di un malinteso.

Quando finiscono le lezioni, sta piovendo a dirotto. Marinette si trova da sola all'entrata dell'istituto senza sapere che cosa fare, perché non ha l'ombrello.

In quel momento passa Adrien, con un ombrello in mano. Il ragazzo la saluta con simpatia, ma lei volta di nuovo la testa. Adrien prende coraggio e decide di sistemare le cose.

«Voglio che tu sappia che, l'altra volta, volevo solo togliere la gomma da masticare dalla tua sedia» le dice. «Veramente. Non sono mai andato a scuola né ho avuto amici. Per me tutto questo è nuovo...»

Lui sorride, e lei resta senza parole. Adrien apre l'ombrello e glielo porge. I due restano a fissarsi per qualche istante, senza dire niente, finché alla fine lei reagisce e prende l'ombrello.

Quando la sua mano sfiora quella del ragazzo, Marinette

resta senza fiato e sente che il cuore le batte più velocemente che mai.

La ragazza si copre con l'ombrello e, all'improvviso, questo si chiude e lei ci resta intrappolata dentro. Adrien non può fare a meno di scoppiare a ridere. Marinette spunta da sotto l'ombrello e anche lei si mette a ridere.

«A domani, allora?» le domanda Adrien.

Il ragazzo scende le scale della scuola e va verso la macchina che l'aspetta. Marinette

tarda qualche istante a recuperare la parola.

«Ehm, sì, domani. Cioè, a domani. Perché farfuglio?» borbotta.

Quando è sola, Tikki esce dal suo zaino, dove era rimasta nascosta.

«Credo di sapere la ragione!» dice il kwami, che si è accorta della scintilla che si è accesa tra i due ragazzi.

Marinette ride e scosta il kwami. Prima che Adrien entri nella macchina, Plagg esce dal suo nascondiglio sghignazzando.

«È il tuo primo giorno di scuola e ti sei già innamorato» dice al ragazzo.

«Che cosa vai blaterando?» replica Adrien. «È un'amica, solo un'amica!»

Lo sguardo, però, dice tutt'altro. Dopo aver fatto spallucce, dà un'occhiata a Marinette ed entra nella macchina.

La ragazza è ancora piantata di

fronte alla scuola. Quando l'auto si allontana, fa un sospiro e s'incammina verso casa.

In un angolo vicino, un anziano ha visto tutto. È il maestro Fu!

«Ottima scelta!» gli dice il suo kwami.

«Quei due sono fatti l'uno per l'altra!» esclama l'anziano.

Sembra davvero che non avrebbe potuto trovare nessuno migliore di loro per incarnare Ladybug e Chat Noir. Questi ragazzi sono molto promettenti!